mulheres improváveis

AS MULHERES
QUE DEUS ESTÁ
LEVANTANDO
NESTE TEMPO

mulheres improváveis

VIVIANE
MARTINELLO

Vida

EDITORA VIDA
Rua Conde de Sarzedas, 246 — Liberdade
CEP 01512-070 — São Paulo, SP
Tel.: 0 xx 11 2618 7000
atendimento@editoravida.com.br
www.editoravida.com.br
@editora_vida /editoravida

Editora-chefe: Sarah Lucchini
Editor responsável: Gisele Romão da Cruz
Editor-assistente: Aline Lisboa M. Canuto
Preparação: Sônia Freire Lula Almeida
Revisão de provas: Lettera Editorial e Eliane Viza
Coordenadora de design gráfico: Claudia Fatel Lino
Projeto gráfico: Vinicius Lira
Diagramação: Marcelo Alves de Souza
Capa: Vinicius Lira

MULHERES IMPROVÁVEIS

■

Exceto em caso de indicação em contrário, todas as citações bíblicas foram extraídas de *Nova Versão Transformadora* (NVT)

Todas as citações bíblicas e de terceiros foram adaptadas segundo o Acordo Ortográfico da Língua Portuguesa, assinado em 1990, em vigor desde janeiro de 2009.

■

As opiniões expressas nesta obra refletem o ponto de vista de seus autores e não são necessariamente equivalentes às da Editora Vida ou de sua equipe editorial.

Os nomes das pessoas citadas na obra foram alterados nos casos em que poderia surgir alguma situação embaraçosa.

Todos os grifos são do autor, exceto os indicados.

1. edição: set. 2022
1ª reimp.: set. 2022
2ª reimp.: jan. 2023
3ª reimp.: abr. 2023
4ª reimp.: out. 2023
5ª reimp.: jan. 2024
6ª reimp.: abr. 2024
7ª reimp.: jan. 2025

Dados Internacionais de Catalogação na Publicação (CIP)
(Câmara Brasileira do Livro, SP, Brasil)

Martinello, Viviane
Mulheres Improváveis / Viviane Martinello. -- São Paulo : Editora Vida, 2022.

ISBN 978-65-5584-319-4
ISBN 978-65-5584-620-1 (capa dura)
e-ISBN 978-65-5584-323-1

1. Mulheres - Aspectos religiosos - Cristianismo I. Título.

22-121985 CDD-270.082

Índice para catálogo sistemático:

1. Mulheres : Aspectos religiosos : Cristianismo 270.082
Eliete Marques da Silva - Bibliotecária - CRB-8/9380

QUEM VÊ A VIVIANE escrevendo sobre pessoas improváveis reconhece quanto ela é uma "mulher provável". Cirúrgica nas palavras e humilde no jeito de ser, ela consegue reunir profundidade, consistência e empatia, o que apenas confirma o chamado para o qual Deus a escolheu: ser porta-voz dele para trabalhar as dores de muitas mulheres.

Karine Rizzardi

Autora, neurocientista e psicóloga especialista em casais e família

A MÃO DE DEUS sempre nos levará a lugares que não poderíamos chegar por nós mesmas. O dom, o talento, o propósito já estão depositados em nós, porém o alinhamento das circunstâncias e o lapidar da pedra bruta são obras que somente ele pode realizar. Vamos brilhar, mas que seja a luz que vem do Senhor. Vamos refletir sua glória, o brilho do seu rosto em nós. Vamos ser reconhecidas como valentes, mas saberemos, no íntimo, que não alcançamos nada sozinhas. É exatamente o contrário. Quando somos fracas é que estamos fortes. O poder de Deus só é aperfeiçoado na nossa fraqueza. Talvez você imagine que a Vivi, ou eu, ou alguma outra mulher que você admire, seja diferente de você, tenha privilégios ou condições externas e internas melhores que as suas, mas o que define a extensão do que Deus pode fazer na vida de alguém não é nada disso. Afinal, ele busca aquelas pessoas que são as improváveis, as que conseguem entender as expressões "pela graça e não por obras", "não por força nem por violência, mas pelo meu Espírito", que assim se revestem e se apegam a essa capacitação divina. Contando suas histórias e aplicando os princípios bíblicos de uma forma extraordinariamente clara e prática, Vivi nos ensina como esse mistério acontece. Prepare-se para reconhecer o que o Pai já lhe confiou. Renda tudo a ele, enfrente seus medos e desista de seus argumentos ao se alistar como uma improvável. Não há limites para o que Deus pode fazer com uma pessoa que se reconhece totalmente dependente e capacitada por ele para cumprir sua vontade.

Ana Paula Valadão Bessa

Diante do Trono, autora

JOSÉ ERA REJEITADO POR seus irmãos. Moisés tinha impedimentos na fala. Ester, uma órfã criada pelo primo. Maria, a adolescente nascida em uma vila com cerca de 600 habitantes com hábitos questionáveis. Respectivamente, o segundo homem mais poderoso da maior nação de sua época, o libertador de um povo, uma rainha que mudou o destino de sua gente, e a mãe do Redentor de toda a humanidade. Deus continua escolhendo, de um jeito peculiar, seus improváveis, por meio da história. A grandeza pertence a ele, que, generosamente, se move, através daqueles que se rendem e confiam. Este livro não é sobre autoajuda, mas uma proclamação da ajuda que vem do alto. É tempo de compreender que não é sobre nós, mas sobre o que Deus pode e deseja fazer.

Helena Tannure

Conferencista e escritora

VIVIANE É UMA VOZ que tem sido levantada nesta nação para ativar mulheres e as posicionar no desenho o qual o Pai tem a respeito delas. De uma maneira precisa e com muita autoridade, ela tem distribuído as pérolas adquiridas em seu caminhar com Cristo, dando destino a uma geração de mulheres improváveis, que desejam ser amigas de Jesus.

Leile Ricardo

Pastora e musicista

DEUS ESCOLHE HOMENS E mulheres improváveis e imperfeitos que se permitem moldar pelo Espírito Santo diariamente. Só quem se submete ao processo de ser forjado em seu caráter está pronto e autorizado a viver o seu propósito. Este livro nos revela sobre como Deus levanta mulheres improváveis que foram provadas e aprovadas pelo fogo, forjadas na pressão e que são curadas para curar outros! Chega o dia que o propósito do Senhor se torna maior que você, e eu acredito que Viviane é uma dessas mulheres que se permitiu forjar como voz profética e assertiva para este tempo em nossa nação.

Flavia Arrais

Pastora da Igreja Angelim

Sara
Ana
Débora
Rute
Noemi
Abigail
Jeoseba
Ester
Maria
Marta e Maria
Maria Madalena
Você e eu.

Agradecimentos

Este livro só foi possível por eles:

Meu Pai celestial, meu Abba.

Meu esposo, meu maior encorajador.

Minhas filhas, Vitória e Isabela, por serem uma carta do amor de Deus para mim.

A igreja Abba Pai Church, por ser uma família na qual eu posso ser eu mesma e desenvolver um pastoreio saudável.

Juliana, que pegou alguns manuscritos e conseguiu desenvolver, organizar e me ajudar no parto deste livro.

Alunas do Casa de Isabel, que me ajudaram com seus testemunhos de vida a construir muitas destas linhas.

Meus pais, Manoel e Marlene, por me ensinarem a amar a simplicidade.

Parteiras sem nome que estiveram comigo na sala de parto no nascimento deste livro.

Sumário

Prefácio

Nestes 23 anos juntos, tenho acompanhado alguns dos processos mais lindos e verdadeiros na vida de alguém improvável.

Os medos, traumas e feridas que a Vivi tinha eram parentes do gigante Golias, fortes e atormentadores. Aquela menina fraca, medrosa, tímida e escondida, não sabia que iria viver uma história parecida com a do rei Davi. Seus gigantes tombariam.

Lembro-me da história de um homem que trouxe de uma viagem nas montanhas um pouco de musgo; ele o colocou em seu jardim, em um local onde o sol e a claridade incidiam diretamente. Depois de alguns dias, surgiram daquele musgo flores das mais belas e raras.

Viviane era como esse musgo. Frio e escuridão impediam que as flores e aromas mais raros surgissem. Mas ela teve o real encontro com o Sol da Justiça e a Luz do Mundo: Jesus. E eu presenciei esse encontro.

Ela deixou a televisão, deixou o pecado, deixou as opiniões, deixou o mundo. Perdi a conta das vezes em que acordava pelas madrugadas com o choro que vinha da sala. Era ela com ele.

Começava ali um relacionamento entre o Pai, o Abba, e sua filha.

Feridas curadas, passado redimido, presente assumido e futuro... bem, o futuro não imaginávamos.

Aquela menina tímida e cheia de medo se tornaria uma mulher forte e destemida, obediente e valente, sensível como a pomba, mas forte como uma leoa.

Profecias apontaram, profetas profetizaram: "milhares de mulheres do mundo todo ouvirão você". E para quem tinha medo de apresentar trabalhos em grupo na escola, falar para uma multidão era apavorante.

Mas quem anda com leão se torna forte como ele. Vivi se tornou leoa.

Hoje, sou acordado pelo choro nas madrugadas nas quais ela se encontra com o Pai.

Vivi não é uma mulher de *performance* nos púlpitos ela é uma mulher de verdade, uma mulher comum, porém nada comum.

Uma mãe presente e até exagerada (até sorrio disso).

Uma esposa incomparável e apaixonada.

Uma filha de honra e amável.

Este livro é mais uma flor entre tantas que nasceram de um musgo que veio para a luz, que teve um encontro com Jesus, e muitas outras flores ainda virão.

Para mim, é uma honra fazer parte e ser parte da vida dela.

Vivi, celebro com você. Celebro VOCÊ!

Telmo Martinello

Um marido honrado

O que esperar desta obra?

Quando damos os primeiros passos, às vezes temos a impressão de que muita coisa ao nosso redor não sofre mudanças. Pense por exemplo, nas situações a seguir:

O início da leitura de um livro.

O início de um casamento.

O início da maternidade.

O início de um projeto.

O início de um ministério.

No entanto, Deus já nos disse em sua Palavra que o início é pequeno, mas essencial:

> *"Não desprezem os começos humildes, pois o Senhor se alegra ao ver a obra começar" (Zacarias 4.10).*

Toda longa caminhada começa com o primeiro passo, e talvez este seja o passo mais difícil de dar.

Mas quero dizer uma coisa a você: é o primeiro passo que nos tira da estagnação e da zona de conforto. É ele que nos arranca do comodismo e nos coloca na pista de decolagem. Quando estamos na pista de decolagem, alçar voo é questão de tempo!

Por falar em tempo, ele é extremamente necessário para que os resultados da mudança que desejamos viver venham à luz. Plantamos hoje, mas só colheremos no devido tempo. Então, não desanime!

Quer viver o que nunca viveu? Então, faça o que nunca fez!

Comece agora!

Boa leitura!

Introdução

Este livro é para você!

“

Você olha e não vê

motivos para ser escolhida.

Ele te olha e não vê motivos

para não te escolher.

”

Deus continua recrutando homens e mulheres simples e vulneráveis. Esta é a estranha maneira que Deus usa para tornar essas pessoas em fortes e corajosas.

Ele busca pessoas nas quais escondeu dádivas preciosas e confia a elas missões desafiadoras. Em uma das madrugadas que passei com o Senhor, perguntei-lhe o motivo de ele não escolher os fortes e corajosos, aqueles que são considerados homens e mulheres mais capazes, mais habilidosos, mais inteligentes, mais fortes.

Em meio aos meus questionamentos, o Espírito Santo lembrou-me de que, na administração do Reino, os tesouros são escondidos em vasos de barro, assim como, na natureza, as pedras preciosas são escondidas na terra e muitas vezes abrigadas no interior das rochas.

> “*Agora nós mesmos somos como vasos frágeis de barro que contêm esse grande tesouro. Assim, fica evidente que esse grande poder vem de Deus, e não de nós (2 Coríntios 4.7).*”

Deus é especialista em transformar um simples terreno em um empreendimento valioso, fazer um campo valer uma fortuna, e isso não pelo campo em si, mas sim pelos tesouros escondidos nele.

> *O reino dos céus é como um tesouro escondido que um homem descobriu num campo. Em seu entusiasmo, ele o escondeu novamente, vendeu tudo que tinha e, com o dinheiro da venda, comprou aquele campo (Mateus 13.44).*

O valor que temos reside em Deus. É ele que muda destinos, transforma corações e estabelece conexões poderosas.

Desisti de buscar respostas ou de tentar entender as escolhas de Deus. Escolhi apenas me entregar. Mesmo sendo falha, rodeada por receios e temores que se misturam com anseios e sonhos, decidi aceitar o desafio e me render à escolha que o Pai fez para mim. No final de tudo, sempre descobrimos que é justamente isto que ele espera: entrega!

Quando nos entregamos, Deus pode transformar pessoas improváveis em elementos surpresa do céu para estabelecer belos propósitos na terra.

Escrevo hoje pensando nos improváveis. Imagino o que Deus pode fazer quando alguém se entrega à vontade dele, ainda que para um improvável seja praticamente inconcebível imaginar tal coisa. Penso naqueles que se consideram fracos, mas também na força que eles podem encontrar em Deus. Lembro-me dos desvalorizados e do valor inestimável que eles têm para o Pai.

Hoje escrevo com lágrimas de gratidão nos olhos, pois um dia Deus viu em uma mulher tímida, pecadora, que se considerava destruída, um tesouro escondido, um terreno perfeito para construir a vontade dele.

Talvez como eu, você também não entenda como isso é possível, mas nesta jornada surpreendente dos improváveis de Deus, o segredo não está em entender, mas em que tão somente nos entreguemos a ele. Eu me entrego, corro em velocidades cada vez maiores, vivo experiências inimagináveis — abraço o impossível.

Por vezes, podemos ter a sensação de que cada passo dado hoje não surte efeito algum ao nosso redor. Temos que ter em mente que uma longa caminhada começa sempre com o primeiro passo, sem nos esquecermos de que é exatamente por isso que, na maioria das vezes, o primeiro passo é justamente o nosso maior desafio. Mas posso falar com convicção de que é justamente esse primeiro passo que nos tira da zona de conforto e da estagnação. Ele nos arranca do comodismo e da procrastinação, de tal forma que nos impulsiona para a pista de decolagem.

Voar é questão de tempo! E tempo é o elemento indispensável para que os resultados da mudança que almejamos sejam uma realidade na nossa história. Tudo o que semeamos hoje tem sua colheita com prazo determinado. Plantamos hoje e colheremos amanhã! Não podemos desanimar. Isso porque, quando desejamos viver o que nunca vivemos, precisamos atuar de forma diferente e dar passos que nunca foram dados.

O lugar é aqui, o tempo é agora! Por meio destas páginas, estamos promovendo um grande ajuntamento de improváveis. Este livro fala sobre a assinatura de Deus nas Escrituras: Improvável!

Você conhecerá pessoas e lugares improváveis que foram palco e elementos-chave para a manifestação da glória de Deus, pois esta é a estranha maneira de Deus escolher os seus, e é por isso que eu e você estamos aqui.

Capítulo 1

Escondidas

“

Deus esconde aquele que

deseja estar exposto,

mas expõe aquele que deseja

estar escondido.

”

Sim. Escondidas! Muitas das mulheres que Deus levantará nos próximos anos estão escondidas, sumidas no anonimato. Talvez muitas delas estejam agora mesmo com este livro em mãos, atraídas pelo título que correspondeu a um sentimento interno: "Sim, eu sou uma improvável!".

São as samaritanas dos dias atuais, mulheres envolvidas em afazeres comuns junto aos poços da vida, mulheres improváveis que estão sendo encontradas por Jesus neste tempo. Esposas, mães, mulheres solteiras; mulheres que enfrentam a dor do divórcio, do luto, da traição, do abandono e inúmeras situações desafiadoras e tristes que fazem parte do universo vivido pelas mulheres no mundo todo.

No entanto, essas mesmas condições não definem onde elas estarão nos próximos anos. Não são essas variáveis que determinam o futuro que terão. Esta foi a verdade que me abraçou há alguns anos, e hoje, através deste livro, espero que abrace você também.

Aprendi na minha caminhada com Deus que ele esconde aquele que deseja estar exposto, mas expõe aquele que deseja estar escondido; além disso, entendi que estar escondida libera o favor do Alto para sermos posicionadas no lugar onde seremos geradas pelo Pai.

No entanto, é bom saber desde já que quem nos posiciona é o Pai! A exposição não é pessoal — autoapresentação, autoexibição, autopromoção. As formas, o tempo e o lugar são definidos pelo Eterno.

> *Quando Jesus observou que os convidados para o jantar procuravam ocupar os lugares de honra à mesa, deu-lhes este conselho: "Quando você for convidado para um banquete de casamento, não ocupe o lugar de honra. E se chegar algum convidado mais importante que você? O anfitrião virá e dirá: 'Dê o seu lugar a esta pessoa', e você, envergonhado, terá de sentar-se no último lugar da mesa. Em vez disso, ocupe o lugar menos importante à mesa. Assim, quando o anfitrião o vir, dirá: 'Amigo, temos um lugar melhor para você!'. Então você será honrado diante de todos os convidados. Pois os que se exaltam serão humilhados, e os que se humilham serão exaltados (Lucas 14.7-11).*

Esse texto de Lucas exemplifica perfeitamente a dinâmica de Deus entre aquilo que deve ser exposto e aquilo que deve ser escondido. Leiamos novamente esse texto, mas agora na versão *A Mensagem*:

> *Depois disso, ele ensinou uma lição aos convidados ao redor da mesa. Percebendo que alguns disputavam o lugar de honra, disse: "Quando alguém convidar vocês para um jantar, não ocupem o lugar de honra. Alguém mais importante que você pode ter sido convidado, e o anfitrião dirá, na frente de todos os convidados: 'Desculpe, você pode*

dar licença? O lugar de honra pertence a este homem. Com a maior vergonha, você terá de se acomodar na última mesa, no lugar que sobrar. Quando você for convidado para uma festa, sente-se no último lugar. Quando o anfitrião entrar na sala, ele dirá: 'O que você está fazendo aí? Venha para a frente'. Você será motivo de comentários na festa! O que eu estou dizendo é que, se você andar por aí com o nariz empinado, vai acabar com a cara no chão. Mas, se souber ficar no seu lugar, será recompensado" (Lucas 14.7-11, AM).

Em todas as versões, esse texto nos ensina o mesmo: não precisamos disputar lugares, assim como não precisamos fazer conchavos, para estar em destaque ou ocupar os melhores lugares, sejam eles eclesiásticos ou profissionais, sejam lugares que o nosso ego fragilizado costuma desejar em razão da nossa necessidade de afirmação.

Na verdade, não se trata de disputa; tampouco depende de nós. Ainda que tenhamos sido convidadas para estar em determinado lugar, quem nos posicionará é o dono da festa. Por isso, não devemos procurar os primeiros lugares, mas sim respirar, descansar e buscar a presença de Deus, porque é ela, e somente ela, que poderá preparar o nosso coração para os lugares de autoridade projetados para nós neste tempo.

Esse texto tem um segredo poderoso a ser descoberto: permitir que Deus nos encontre, esperar que ele nos ache e nos reposicione em nosso nível de influência e relacionamentos.

Talvez você precise deste lembrete tanto quanto eu: o nosso sucesso não é medido pelos padrões do mundo. O verdadeiro sucesso é medido pelos padrões de Deus, porque ele se preocupa mais com a nossa integridade do que com o nosso número de seguidores no Instagram. O Pai se preocupa mais com a nossa obediência do que com a nossa conta bancária. Está mais preocupado com o nosso coração do que com o serviço que prestamos no Reino. Deus não é consumido com as coisas que este mundo nos diz que são importantes.

Deus cuida de nós não por causa do que fazemos, mas por causa do que ele fez por nós. Somos dele, e ele se preocupa com o nosso crescimento em sua graça e em que aprofundemos o nosso conhecimento *nele*.

Indiscutivelmente, ele se preocupa conosco, e isso deve nos lançar e impulsionar a abrir sua Palavra. Deve nos mover a adorá-lo por quem ele é e por tudo o que ele fez e faz por nós. E quem ele é muda tudo a respeito de quem somos.

É importante compreendermos que tudo o que Deus faz na nossa vida começa pelos fundamentos. Isso quer dizer que ele trabalha nos lugares escondidos, onde os olhos das pessoas, e os nossos próprios olhos, não alcançam. Ele começa justamente pelo alicerce.

O fundamento importa para Deus, porque é ele que dará sustentação ao nosso propósito e destino. Pode levar tempo, será feito no anonimato, será silencioso, mas será poderoso! É um fundamento secreto que trará à luz uma obra ao público. Não podemos tentar mudar esse princípio, porque aqui está a chave do êxito: a rendição é o caminho!

Pequenos começos

O profeta Zacarias, em um de seus textos emblemáticos a respeito da reconstrução do templo de Jerusalém, nos chama a atenção para que não "desprezemos os pequenos começos" (4.10); o alicerce quando é lançado pelo Senhor de toda a terra traz nova vida; por isso, insisto: Não despreze os pequenos começos!

Alguns anos atrás, um pequeno grupo de mulheres decidiu se reunir para orar e buscar mais da presença de Deus; na nossa primeira reunião, éramos apenas quatro que desejavam mais do Senhor. Começamos com muita fome e sede pela presença do Espírito Santo. Todas tínhamos filhos pequenos e diversos afazeres, mas reservávamos tempo — uma vez na semana — para estarmos juntas e crescermos em oração e comunhão.

Naqueles anos, nenhuma de nós poderia imaginar o que Deus faria conosco a partir de um começo tão tímido e sem maiores pretensões, a não ser buscá-lo e amá-lo.

Aquele solo da intimidade, aquele lugar escondido e secreto, foi o ambiente perfeito para que Deus desse início a um verdadeiro avivamento entre as mulheres; um avivamento que tem marcado este tempo, porque, de repente, aquilo que era secreto, escondido e pequeno deu um passo à frente, e foi o Dono da casa que fez o convite.

Hoje, quando vejo a multidão de mulheres que participam quinzenalmente das nossas reuniões de mulheres, penso nessa palavra de Zacarias: "Será que alguém ousa desprezar esse dia de pequenos começos?" (4.10, AM).

Deus nos confia coisas aparentemente pequenas, mas também extremamente valiosas, e só depende de como cuidaremos delas. Devemos cuidar daquilo que nos foi dado, ainda mais quando se tratar de uma pequena semente, de um pequeno começo, e ninguém estiver prestando atenção.

Quando somos fiéis no pouco, o muito virá às nossas mãos. Isso por causa de um princípio muito simples: Deus precisa se certificar de que o nosso coração não está no sucesso ou no fracasso, mas está nele e permanecerá nele.

Muitas pessoas me perguntam sobre o segredo para reunirmos tantas mulheres em uma simples reunião; a verdade é que não existe segredo; o que existe é um Pai que nos confia sementes a serem plantadas e cuidadas por ele na terra do nosso coração.

“

Deus precisa se certificar de que o nosso coração está nele e permanecerá nele.

”

Não importa se o começo é pequeno. Afinal, os seres humanos não nascem maduros, adultos nem plenos. Pelo contrário, nascem pequenos, frágeis e dependentes. Essa fragilidade e essa dependência estabelecem entre o ser criado e o Criador uma conexão que jamais deveria ter sido desfeita. A dependência dele não só é positiva como condição para que desenvolvamos em nós a vontade do Pai.

Em outras palavras, quando somos cuidados por Deus em nossa pequenez e debilidade, o foco não está no crescimento em si, mas no processo de sermos amados, nutridos e robustecidos. Portanto, não tenha o foco no crescimento; não queira ser grande. Ame o seu pequeno começo, ame e cuide desse lugar especial que você ocupa hoje, porque é nele que você será surpreendida.

Quanto mais escondido, mais valioso!

O ouro, o diamante e outras pedras preciosas estão escondidos e precisam ser encontrados, porque é muito comum que a terra esconda o que há de mais precioso.

Para se chegar a uma mina de ouro, é preciso escavar, comer pó, levantar poeira e até usar explosivos em alguns casos, tamanha a dificuldade de ter acesso ao metal precioso.

Estar escondidas não tira, nem diminui, o valor que as pedras preciosas possuem; na verdade, quanto mais escondida, mais rara; quanto mais rara, mais valiosa uma pedra se torna.

As pedras visíveis e expostas no meio do caminho, em geral são consideradas de pouco valor, ou porque atrapalham a passagem, ou porque são vistas como impedimento, ou porque são fáceis de encontrar. Já as pedras escondidas se tornam joias preciosas e de valor elevado.

Essa mesma dinâmica se aplica às mulheres que Deus está levantando nesta geração: mesmo escondidas, o valor delas não diminuiu; na verdade, elas estão escondidas a fim serem geradas e, no devido tempo, serem trazidas à luz para o processo de lapidação.

As pedras preciosas precisam da ação do fogo, da pressão e do tempo a fim de serem geradas. É por esse motivo que são raras e valiosas.

O Deus lapidador usará o que é visível para testar as coisas invisíveis, porque no Reino de Deus não caminhamos pelo que vemos, mas sim pelas verdades incrustradas em nosso interior por meio do Espírito. São invisíveis, mas extremamente poderosas em Deus.

Aquilo que é visível é sustentado por algo que não pode ser visto, assim como acontece com o nosso corpo: de todos os órgãos que compõem o nosso organismo físico, os internos são os vitais. Se perdermos a visão, ainda assim o nosso corpo viverá, mas, se perdermos os pulmões, não haverá chances de sobrevivência.

O mundo natural aponta para um princípio espiritual. Assim como o valor de uma casa não está em sua beleza ou arquitetura, mas em seu fundamento, o valor vida humana não está no que se capta pela visão, mas justamente no que não se pode perscrutar.

A parte essencial da nossa vida é oculta, e só Deus a conhece por completo. Por isso, os olhos do Pai estão voltados para dentro de nós. Ele não vê como o homem. O profeta Samuel viveu essa experiência com o Senhor ao ser designado para ungir o novo rei de Israel. Davi fugia dos padrões de guerreiros e dos reis da época, mas os olhos do Senhor estavam onde os olhos de Samuel não podiam alcançar.

O Senhor, porém, disse a Samuel:

> “*[...] Não o julgue pela aparência nem pela altura [...]. O Senhor não vê as coisas como o ser humano as vê. As pessoas julgam*

pela aparência exterior, mas o SENHOR olha para o coração (1 Samuel 16.7). ”

Certamente, este é um dos textos mais conhecidos a respeito do início da vida do grande rei Davi e de quais requisitos Deus busca em cada um de nós: *o Senhor não julga pela aparência, mas vê o coração.*

Com o objetivo de refinar o nosso metal interno e revelar o nosso coração, Deus permite abalos e tempestades. Se você tem orado por seus relacionamentos, prepare-se; abalos virão para fortalecer a sua essência e as suas raízes; só depois disso é que você terá condições de estabelecer relacionamentos saudáveis.

Geralmente, oramos e temos a impressão de que as coisas só pioram, mas podemos estar certas de que isso não é verdade. Todos os ventos e as tempestades que enfrentamos testam e fortalecem o nosso sistema de raízes no propósito de Deus. Os olhos dele estão nas raízes, porque são elas que seguram toda a nossa estrutura, assim como a estrutura de uma árvore está sustentada por suas raízes.

A tríade *fogo, pressão e tempo* funciona como preparação para vivermos o nosso destino profético. Deus está levantando mulheres na terra, nestes últimos tempos, que não têm cara de ser quem são. Mulheres improváveis! Na verdade, elas parecem ser apenas um vaso de barro frágil e vulnerável, prestes a rachar a qualquer momento.

No entanto, o grande mistério é que, quanto mais rachados e vulneráveis esses vasos são, mais o tesouro que habita dentro deles se derrama e se revela.

A forma de Deus manifestar sua força está exatamente em nossa fraqueza, e tentar mudar isso pode ser perigoso. Este livro é sobre a história de frágeis vasos de barro, mas que em sua fragilidade escondem um grande tesouro.

Acredito que existem muitos vasos de barros olhando para fora de si mesmos e pensando em como são inadequados. Mas Deus convida cada um deles a olhar para dentro de si, onde está o verdadeiro tesouro.

Assim como um bebê corre o risco de não sobreviver se nascer antes do tempo previsto e em condições precárias, o mesmo acontece com as improváveis de Deus — as mulheres que o Pai deseja levantar. Os meses de gestação no lugar secreto são imprescindíveis para sua sobrevivência após o nascimento. Elas estão escondidas e são submetidas a determinadas condições para que possam atingir seu pleno desenvolvimento.

No meu tempo a sós com Deus, lembro-me do dia em o Senhor falou ao meu coração sobre uma exposição exponencial que ele mesmo faria em nossa vida e em nosso ministério. Fiquei atônita e com medo, porque sei quanto uma exposição na hora errada pode custar caro, além de ser muito perigosa.

Sempre busquei o Senhor, não as multidões. As nossas orações mais secretas não continham pedidos de sucesso nem de influência, mas de entrega e desejo por sua presença. E foi no útero do lugar secreto que fomos gerados.

Quanto mais clamávamos por ele, mais ele confiava e entregava autoridade e graça sobre nós. Sabemos, como bem dizem as Escrituras, que é impossível esconder uma cidade edificada sobre um monte:

> **“** ***Vocês são a luz do mundo. É impossível esconder uma cidade construída no alto de um monte. Não faz sentido acender uma lâmpada e depois colocá-la sob um cesto. Pelo contrário, ela é colocada num pedestal, de onde ilumina todos que estão***

na casa. Da mesma forma, suas boas obras devem brilhar, para que todos as vejam e louvem seu Pai, que está no céu (Mateus 5.14-16). ”

Tenho receio quando a projeção e a exposição de algo ou de alguém é antecipada, ou seja, antes do tempo, porque o período de estar escondido e oculto deve ser respeitado. Não podemos desprezar os pequenos começos; mas tenha em mente que eles não são veiculados em transmissões ou vídeos, mas consistem em altares erguidos dentro do rio da intimidade com o Rei; são começos invisíveis aos olhos dos homens, mas não ocultos aos olhos de Deus.

Em vez de nos expormos, precisamos permitir que Deus nos exponha no tempo certo. Até que isso aconteça, devemos continuar escondidas, construindo cada degrau de acesso a ele secretamente, porque, quando Deus nos esconde, ninguém mais nos encontra; mas, quando ele vem ao nosso encontro e nos expõe, nada nem ninguém será capaz de nos esconder.

Vemos filhas vivendo como órfãs; princesas vivendo como plebeias; mulheres reduzindo seu valor por migalhas de atenção, reféns da carência que expõe o que deveria estar escondido e esconde o que deveria estar exposto; além disso, vendem o que não tem preço e valorizam o que não tem valor.

Deus está à procura de pessoas nas quais que ele possa construir uma escala de valores que não se baseia nos valores deste mundo, mas que estejam alinhadas com os valores do coração de Deus.

Busque um caminho mais alto, um pensamento mais elevado; ajuste as suas prioridades e aquiete o seu coração, porque a montanha da intimidade com Deus espera para ser escalada, e cada uma de nós terá a visão da montanha que subir. A visão muda tudo, até mesmo você e eu!

Acostume-se com essa ordem!

Em primeiro lugar, Deus construirá as nossas raízes e estabelecerá em nosso interior fundamentos sustentadores de seu bom propósito. Ninguém começa a construir um prédio pela cobertura, mas pelos alicerces. Por isso, ele nos esconde por um tempo determinado, porque as raízes mais profundas nascem da entrega e da renúncia e crescem escondidas.

Deus só promove publicamente aquilo que primeiro ele edificou no lugar secreto. Podemos até pagar por uma "promoção" na terra e ser promovidas, mas a promoção que vem do Alto só pode ser concedida como resultado de um caminho constante com o Pai.

Como comentei no início deste capítulo, Deus promove aquele que deseja estar escondido, e esconde aquele que deseja ser promovido. Assim é o Reino de Deus; esta é a cultura do céu! Então, devemos deixar que ele nos edifique e nos encontre; e, no tempo certo, ele tratará de expor e promover a nossa vida!

É importante lembrarmos que foi em um deserto, quando Moisés estava escondido; que Deus o atraiu novamente ao chamado, por meio de uma sarça ardente.

Também foi no deserto que a voz que prepararia o caminho de Jesus foi forjada e levantada, porque era justamente no deserto que João Batista estava escondido, era ali que as multidões iam até ele para ouvir palavras de vida.

Foi em um lugar escondido, malhando trigo no lagar, que Gideão foi encontrado pelo Senhor. Quando ele estava escondido das pessoas, foi achado por Deus, e sobre ele foi liberada uma nova identidade de coragem e liberação.

Da mesma forma, aconteceu com Davi. Quando ele estava escondido atrás das malhadas, não exposto como estavam seus irmãos, é que foi chamado para ser rei.

Poderíamos relatar inúmeros exemplos, discorrendo sobre homens e mulheres que Deus escondeu para um tempo específico. Em toda a Bíblia, podemos observar que ele esconde o que é precioso e que o útero usado para gerar os homens e as mulheres que ele escolheu é justamente o lugar secreto, um lugar escondido que ninguém mais pode ver; é ele que rasga a nossa essência e descobre o que carregamos de mais profundo.

O Papai não mudou! Deus continua buscando "Davis" escondidos, aqueles que estão mais preocupados com "as suas poucas ovelhas" do que com os lugares de honra.

Deus não mudou! Ele continua procurando hoje as mulheres que estão servindo à família, à sociedade, às pessoas; homens de honra que trabalham para o sustento e a proteção de sua casa e para o próximo; pessoas que trabalham no lugar secreto e que estão a ponto de serem promovidas publicamente.

Não podemos fugir desse lugar! Que sejamos encorajadas a aguardar a chegada daquele que nos chama, pois não estamos escondidas aos olhos dele!

Capítulo 2

Construa no lugar secreto

“A exposição na hora errada mata.”

Todo estabelecimento de Deus em nós nos conduz a um propósito. Uma mulher que tenha sido construída não deveria ser escondida, principalmente porque é impossível ocultá-la.

Como disse Jesus:

> ***[...] É impossível esconder uma cidade construída no alto de um monte. Não faz sentido acender uma lâmpada e depois colocá-la sob um cesto. Pelo contrário, ela é colocada num pedestal, de onde ilumina todos que estão na casa. Da mesma forma, suas boas obras devem brilhar, para que todos as vejam e louvem seu Pai, que está no céu (Mateus 5.14-16).***

Mas o contrário também é válido. Não devemos ver uma mulher no processo de construção ser exposta antes da hora.

No processo de edificação de Deus, ele usa ferramentas e situações que funcionam como tapumes protetores ao redor do propósito que tem conosco. Quando uma pessoa está sendo forjada por Deus, ele mesmo trata de estabelecer diretrizes para tornar esse processo oculto.

Posso dizer que já atravessei muitas crises após os períodos de construção do Senhor em mim, porque o meu desejo era que ele me edificasse para propósitos que eu mesma havia preestabelecido.

Aprendi, no entanto, que Deus contraria a nossa mente para que ela se expanda até onde ele deseja. Nesse sentido, Deus não costuma nos convidar para sairmos da zona de conforto; ele simplesmente tem o hábito de nos arrancar de lá.

O coração de Deus é impressionante. Admiro o coração do Pai e sua habilidade de acreditar em frágeis vasos de barro, como você e eu. Talvez seja exatamente assim que muitas de nós se vejam e sintam:

> *Agora nós mesmos somos como vasos frágeis de barro que contêm esse grande tesouro. Assim, fica evidente que esse grande poder vem de Deus, e não de nós (2 Coríntios 4.7).*

Mesmo sendo vasos de barro, Deus confia a nós algo de valor e quer nos usar no tempo devido. Ele esconde, prepara, levanta e usa.

Não se exponha antes do tempo

A maioria das ministrações que Deus traz ao meu coração são fruto de uma construção no lugar secreto com ele. No entanto, existem momentos em que, de uma forma mais pontual, ele nos convida para esse lugar, e sua direção para nós é: "Construa no secreto!". Foi esta umas das declarações mais importantes que recebi no ano de 2021 sobre o que ele estava prestes a realizar em mim.

Entendi que era o momento de retroceder com as palavras, buscá-lo secretamente e descobrir novos lugares em sua presença. O mais incrível foi receber essa direção no meio de um verdadeiro *boom* na minha vida e em áreas bem específicas.

Talvez você esteja justamente nesse lugar, sem entender que, para avançar, você primeiro precisa retroceder, e momentos como esses costumam nos deixar muito confusas. Mas de uma coisa podemos ter certeza: a vontade e a direção do céu serão sempre a nossa melhor escolha na terra.

Mesmo sem entender, devemos obedecer, confiar e esperar aquilo que Deus mesmo está gerando e formando em nós. Isso porque existem tesouros e torrentes de águas que apenas descobrimos no lugar secreto, quando partimos para uma busca pessoal e intencional.

Vivemos tempos de muita exposição, tempos nos quais lidamos com a tendência de fotografar ou expor tudo, até mesmo a nossa busca e intimidade com o Senhor. Mas é no secreto, não na exposição, que o encontraremos.

A nossa espiritualidade não pode ser um pingente para ser exibido às pessoas, porque era assim que os fariseus agiam:

> ***"Tudo que fazem é para se exibir. Usam nos braços filactérios mais largos que de costume e vestem mantos com franjas mais longas. Gostam de sentar-se à cabeceira da mesa nos banquetes e de ocupar os lugares de honra nas sinagogas. Gostam de receber saudações respeitosas enquanto andam pelas praças e de ser chamados de 'Rabi' " (Mateus 23.5-7).***

O nosso lugar secreto com Deus precisa ser o nosso jardim particular, um refúgio no qual vivemos em plenitude com o Pai. Assim como a nossa busca deve acontecer na intimidade, a mudança também acontecerá nessas mesmas condições, porque emana de dentro para fora, não o contrário.

“Devemos obedecer,
confiar e esperar aquilo
que Deus mesmo está gerando
e formando em nós.”

Toda mudança que começa do lado de fora não é duradoura; não passa de dias ou horas, porque não resulta do nosso interior ou de uma intimidade real com Deus.

Algumas áreas da vida revelam a necessidade de mudanças mais profundas, pois se trata de algo que parece estar enraizado com maior profundidade em nós; para que essas mudanças aconteçam, será necessário arrancar e remover as amarras. As raízes precisam ser removidas, e somente o Senhor poderá fazer isso em um processo pessoal e íntimo conosco.

A verdadeira transformação do nosso eu acontece na intimidade com Deus, quando o nosso interior é tocado e transformado, pois as mudanças aparentes ou externas são fáceis de serem promovidas, mas mudar quem somos por dentro requer processos mais profundos, que só vivenciamos no secreto com Deus.

Por mais que venhamos a esconder as áreas do nosso mundo interior que não foram tratadas ou redimidas pelo Senhor, por mais que nos esforcemos para que elas não sejam expostas, de repente, surgem situações que acabam expondo as mazelas que tentamos ocultar.

Não raro, o que realmente somos acaba saltando para fora, surpreendendo a nós mesmas, causando espanto para aqueles que nos cercam. Acontece que Deus permite que sejamos reveladas para que saibamos quanto precisamos ser transformadas por ele.

A mudança no secreto com Deus é sempre interna e se revela, sim, de forma externa ou aparente, porque uma transformação genuína é reconhecida quando situações específicas extraem de nós atitudes e comportamentos diferentes dos quais teríamos antes de sermos transformadas.

Isso quer dizer que toda mudança interna se revela por si mesma; não precisa ser apontada por quem foi transformado.

Terreno em construção

Com certeza, você já passou por terrenos em construção. Em geral, vemos tapumes que cercam o que está sendo construído, tamanha a poeira, a quebradeira e a sujeira que podem atingir os que passam por perto. Igualmente, o tapume também serve para não afetar o que se constrói do lado de dentro.

De fato, o tapume é necessário por motivos de proteção interna e externa, um processo de vedação completo do lugar onde se dá a construção. Veículos entram, materiais são entregues, mas os tapumes não nos permitem saber o que está acontecendo na construção. Em geral, o que está sendo construído não é exposto, principalmente quando os fundamentos estão sendo estabelecidos.

Creio que você já entendeu aonde quero chegar. Para passar por uma verdadeira transformação, cada pessoa precisa se proteger e proteger também os demais, porque muita coisa será desfeita e reconstruída. Somos como um terreno em construção, cujos tapumes divinos não só nos protegem das olhadelas alheias, em um ato de preservação da nossa intimidade por Deus, como também protegem os demais para que estes não se escandalizem, não se machuquem e não se ofendam com o que Deus está fazendo conosco.

Assim como uma mulher que engravida não aparenta estar grávida no dia seguinte, muitos frutos gerados em nosso lugar secreto com Deus só serão revelados no tempo e no lugar apropriados; igualmente, como a construção de uma casa começa pela parte que não se vê, que são os alicerces, logo somos surpreendidos com a beleza do que foi edificado.

Já falhei muitas vezes por falar demais, por abrir aquilo que deveria ser guardado. Deus tem sido pontual em estabelecer tapumes ao redor de alguns projetos, pois, quando não sabemos guardar aquilo que está sendo gerado, o fruto pode morrer devido a uma exposição fora do tempo.

Quantas histórias e projetos não foram adiante por falarmos com as pessoas erradas? Precisamos aprender a guardar o que não deve ser compartilhado, a fim de que não venha a morrer.

Quando as dores de parto se manifestam, apenas as pessoas envolvidas com o nascimento do bebê é que são acionadas. Em um parto, apenas os profissionais da saúde, o pai da criança e pessoas com funções específicas para o nascimento do bebê permanecem na sala de cirurgia, porque os hospitais não permitem a entrada de pessoas alheias ao nascimento. Depois que o bebê nasce, tudo já terá sido preparado para que ele seja apresentado à família, aos parentes e amigos.

Se estamos em um tempo de muitos sonhos e projetos de Deus para nós, devemos colocar uma cerca e tapumes apropriados ao redor daquilo que o Pai está fazendo. Quando Deus já nos deu o terreno, já pôs o projeto em andamento, então é nossa responsabilidade fixarmos a cerca e deixarmos que a construção pronta fale por si mesma.

Talvez muitas de vocês estejam questionando o motivo de construirmos na intimidade; um dos motivos principais é porque o lugar secreto é o lugar de autoridade no Reino de Deus. Uma semente, quando cai na terra, ali, naquele lugar secreto, frutificará. Mas, se ficar exposta aos temporais, às pedras, ao frio ou ao calor, tem muitas chances de morrer.

E é justamente por isso que Deus precisa nos esconder feito uma semente, pois é no esconderijo que o nosso DNA é extraído e vem para fora; toda semente manifesta seu DNA quando é enterrada, depois disso ela gera frutos de acordo com sua espécie.

Todo crescimento saudável é de dentro para fora, e Deus deseja ver o crescimento de filhas que entenderam a importância de crescer nele, com ele e para ele. A semente enterrada na terra pode ser bem pequena, mas pode resultar em árvores gigantescas, que proporcionem sombra para muitas pessoas. Este é o fruto que Deus deseja produzir em cada uma de nós. Ele deseja que os frutos segundo cada espécie

“

Deus deseja ver o crescimento de filhas que entenderam a importância de crescer nele, com ele e para ele.

”

sejam belos por fora, que alimentem e nutram os demais, além de serem perfeitos por dentro.

> ***"O reino dos céus é como um tesouro escondido que um homem descobriu num campo. Em seu entusiasmo, ele o escondeu novamente, vendeu tudo que tinha e, com o dinheiro da venda, comprou aquele campo. O reino dos céus também é como um negociante que procurava pérolas da melhor qualidade. Quando descobriu uma pérola de grande valor, vendeu tudo que tinha e, com o dinheiro da venda, comprou a tal pérola" (Mateus 13.44-46).***

No Reino de Deus e na jurisdição do céu, a verdadeira autoridade é forjada no esconderijo. Da mesma forma que uma pérola é gerada no interior de uma ostra, a autoridade do Reino é gerada em segredo. A pérola é construída no lugar secreto, e o Reino de Deus é como uma pérola que foi formada por meio de uma dor, de um banco de areia, de um incômodo que liberou uma substância, cujo valor é incalculável; assim são as verdadeiras construções de Deus em nós.

Quantas pérolas abrigamos dentro de nós? No tempo certo Deus mesmo nos pedirá que as coloquemos nas mãos dele, porque lhe pertencem; e elas mesmas trarão à luz quem somos em Deus.

Muitas pessoas ficarão admiradas com as pérolas geradas em nosso interior; este será o momento em que deveremos apontar-lhes o que descobrimos sobre o lugar secreto em que foram formadas, o lugar onde compartilhamos com Deus as nossas dores, onde o sofrimento encontrou a cura, onde tudo se transformou em algo bom, em uma joia de muito valor.

A restauração é secreta

Existem outras coisas que também acontecem no lugar secreto, e uma das principais é a restauração. Quando precisamos ser restauradas ou estamos em tempos de restauração, devemos permanecer em silêncio diante de Deus.

Neemias exemplifica a importância da discrição em tempos de restauração. Depois de receber as notícias de Jerusalém e ouvir os relatos terríveis de como a cidade estava destruída, com portas queimadas e muros quebrados, Neemias foi servir ao rei com uma aparência tão triste, que o próprio rei questionou o motivo, por reconhecer que Neemias nunca havia se apresentado antes daquele jeito. Ao compartilhar com o rei o motivo e receber autorização dele para ir à sua cidade e reconstruí-la, Neemias se moveu discretamente para a restauração de Jerusalém:

> “ *Saí discretamente durante a noite, levando comigo uns poucos homens. Não havia contado a ninguém os planos para Jerusalém que Deus tinha colocado em meu coração. Não levamos nenhum animal de carga além daquele que eu montava. Depois que escureceu, saí pela porta do Vale, passei pelo poço do Chacal e fui até a porta do Esterco para inspecionar o muro de Jerusalém, que tinha sido derrubado, e as portas, que haviam sido destruídas pelo fogo. Em seguida, fui à porta da Fonte e ao tanque do Rei, mas, por causa do entulho, não havia espaço para meu animal passar. Por isso, embora ainda estivesse escuro, subi pelo vale de Cedrom e inspecionei os muros ali, antes*

de voltar e entrar de novo pela porta do Vale. Os oficiais da cidade não sabiam aonde eu tinha ido nem o que estava fazendo, pois não havia contado meus planos a ninguém. Ainda não tinha falado com os líderes judeus: os sacerdotes, os nobres, os oficiais e outros que realizariam o trabalho (Neemias 2.12-16). ”

Neemias estava diante de um processo de restauração, e não falou nada a ninguém, esperando o momento certo para contar que estava ali para restaurar os muros e toda a cidade de Jerusalém.

Muitas mulheres têm atravessado tempos de restauração, tempos em que nada parece prosperar, e se questionam por quê. Em muitos casos, o motivo é simples: têm contado o que deveria ser segredo e revelado apenas diante do Pai. Os processos de restauração devem acontecer na intimidade com Deus; não podem ser expostos, porque, quando são expostos antes do tempo, podem ser alvo de incompreensão, zombaria e até acusações:

“ *Mas, então, eu lhes disse: "Vocês sabem muito bem da terrível situação em que estamos. Jerusalém está em ruínas, e suas portas foram destruídas pelo fogo. Venham, vamos reconstruir o muro de Jerusalém e acabar com essa vergonha!". Então lhes contei como a mão de Deus tinha estado sobre mim e lhes relatei minha conversa com o rei. Eles responderam: "Sim, vamos reconstruir o muro!", e ficaram animados para realizar essa boa obra. Mas, quando Sambalate, o horonita, Tobias, o oficial amonita, e Gesém, o árabe, souberam de nosso plano, zombaram de nós com desprezo e perguntaram: "O que estão fazendo? Estão se rebelando contra o rei?" (Neemias 2.17-19).*

”

Durante o processo de restauração, aprenda a lidar com pessoas que não compreendem e zombam do que Deus está reconstruindo. A igreja Abba Pai é uma restauração de Deus para nós, é uma casa que curou o nosso coração e nos restituiu de muitas perdas que sofremos; é principalmente uma reconstrução de eu acreditar de novo na igreja.

Em 2015, no início da construção da Abba Pai, algumas pessoas não acreditavam no que Deus estava gerando; outras questionaram o que estava nascendo. Naquele momento, foi necessário aprendermos a tomar cuidado com as palavras que não eram compatíveis com a ação de Deus no processo da nossa restauração; além disso, não devíamos nos entristecer com as pessoas que não compreendiam o que estávamos vivendo.

No processo de restauração, esteja preparada para percorrer e caminhar discretamente sobre ruínas, andar sobre escombros, observar e avaliar as perdas, antes de dar acesso ao terreno e ao processo de reconstrução na sua vida.

Neemias caminhou sobre os escombros em silêncio. A situação é difícil? As portas da cidade estão queimadas? Os muros foram destruídos? Não podemos expor a nossa destruição em rodas de conversa. De fato, necessitamos aprender a silenciar e ser discretas para preservar a nossa reconstrução.

Vença as batalhas secretamente

O lugar secreto com Deus também é um lugar onde recebemos estratégias do céu para solucionar as circunstâncias terrenas. No secreto com o Senhor somos conduzidas nas situações para as quais não vemos

“Durante o processo de restauração, aprenda a lidar com pessoas.”

uma direção terrena. Conflitos conjugais ou relacionais são resolvidos, e guerras são desarmadas quando andamos nas estratégias que recebemos no secreto com o Pai.

Ester teve sabedoria de buscar na intimidade com Deus a estratégia para livrar o povo hebreu de um grande massacre. Quando seguimos as orientações do Senhor em silêncio, os céus se movem para contribuir conosco.

Em 1 Samuel 17, encontramos o relato de outra construção, ou de uma batalha vencida em segredo:

> *Davi, porém insistiu: "Tomo conta das ovelhas de meu pai e, quando um leão ou um urso aparece para levar um cordeiro do rebanho, vou atrás dele com meu cajado e tiro o cordeiro de sua boca. Se o animal me ataca, eu o seguro pela mandíbula e dou golpes nele com o cajado até ele morrer. Fiz isso com o leão e o urso, e farei o mesmo com esse filisteu incircunciso, pois ele desafiou os exércitos do Deus vivo!". E disse ainda: "O Senhor que me livrou das garras do leão e do urso também me livrará desse filisteu!". Por fim, Saul consentiu. "Está bem, então vá", disse. "E que o Senhor esteja com você!" (vs. 34-37).*

Não podemos matar Golias sem antes vencer leões e ursos; igualmente, não podemos matar feras e gigantes, sem antes vencermos as batalhas secretas que travamos em nosso interior. Medos ocultos e lutas secretas precisam ser vencidas, e as batalhas que já vencemos devem nos lembrar que o mesmo Deus que nos fez vitoriosas ontem garante a vitória para nós hoje. O mesmo Deus que nos livrou das batalhas internas é poderoso para nos garantir vitórias externas. É no lugar secreto que recebemos toda força necessária para vencer os Golias que nos afrontam hoje.

Davi soube reconhecer as armas que tinha nas mãos, e, assim como ele, precisamos discernir as armas que temos para derrubar os gigantes que estão diante de nós. Em primeiro lugar, devemos saber quem somos em Deus e que ele nos prepara para a batalha. Em segundo lugar, ele nos dará autoridade para vencer em público e servir de ponte para a reconstrução de outras.

Muitas de nós serão levantadas para levantar e atuar como construtoras de Deus na vida de outras mulheres, mas, para isso, precisamos estar nesse lugar secreto com Deus, onde seremos construídas na intimidade com ele. Construa no secreto e permita que as construções geradas nele falem por si mesmas!

Deus sabe o que está fazendo
quando nos lança no deserto.

Existe uma enorme diferença entre tirar um pássaro de uma gaiola e tirar a gaiola de um pássaro.

A primeira se refere a uma missão de resgate, mas a segunda diz respeito a um processo de transformação.

Esse processo ocorre no deserto.

É lá que somos forjadas e recebemos a força que nasce da fraqueza.

O primeiro lugar que Israel pisou depois ser livre do Egito não foi Canaã, mas sim o deserto, um deserto longo e cheio de desafios.

Deus não nos tira da gaiola e nos lança imediatamente no lugar que nos prometeu.

Ele nos prepara por meio das dores e dos limites que somos capazes de vencer.

Mais que abrir gaiolas, Deus arranca as gaiolas internas que carregamos, porque são elas as mais difíceis de extrair.

A verdadeira liberdade flui de dentro para fora.

Simplesmente se renda!

Capítulo 3

Primeiro em mim, depois através de mim

“

No mundo natural,

colhemos quando o fruto

está maduro.

No mundo espiritual,

colhemos quando nós

estamos maduros.

”

Existe algo que precisamos entender: andamos em círculos quando não nos submetemos ao processo, assim como caminhamos feridos quando não nos submetemos à cura. Em geral, as pessoas que caminham em um ciclo de reprovação e sequidão são pessoas que caminham feridas e que estão acostumadas a ferir outras.

Precisamos abandonar esse lugar de mediocridade de estarmos feridas e de ferirmos os demais, pois, se existe algo que tem o poder de travar a nossa vida e de nos impedir de viver o que Deus tem para nós, são as situações mal resolvidas e as feridas não tratadas.

Não há como evitar fluir o que somos, porque você e eu ministramos a nossa própria vida. Talvez este seja o motivo de vermos um grande número de ministros cuja vida está emocionalmente destruída e cujas famílias estão fragilizadas. Muitos não param para corrigir e reposicionar as motivações do próprio coração e acabam dando frutos conforme a raiz.

A vida do ministro é que ministra. Por isso, antes de Deus nos usar ou nos levantar para a plenitude do que ele mesmo estabeleceu para nós, precisamos permitir que ele nos cure. O interessante é que o caminho para a cura é justamente "abrir a ferida", assim como está escrito no livro de Jó:

> *Pois ele fere, mas trata do ferido; ele machuca, mas suas mãos também curam (5.18, NVI).*

Não é incomum olharmos para nós mesmos e começarmos a ver tudo o que há de errado no contexto em que vivemos: problemas familiares, desajustes financeiros, questões ministeriais ou temas conjugais. Deus, no entanto, deseja trabalhar dentro de nós antes de fazer algo a respeito do que está ao nosso redor. E isso requer tempo e espera, pois as construções internas são fundamentais e de extrema importância para a transformação externa que anelamos.

Somos uma geração de pessoas que esperam que os outros mudem e temos uma facilidade enorme para encontrar falhas e defeitos nos demais. Ao mesmo tempo em que somos misericordiosos com nós mesmos, somos cruéis com os erros das pessoas; afinal, o lugar de vítima é sempre mais confortável que assumir a nossa parcela de responsabilidade nas situações.

Existem muitas coisas na nossa caminhada com Deus que custamos compreender, e uma delas é que ele sempre fará primeiramente em nós, para depois atuar por meio de nós. Essa é a dinâmica do reino de Deus.

Não raramente deixamos de mensurar os processos pelos quais teremos que passar até vivermos os planos de Deus. Olhando para a minha história, lembro que, aos 24 anos, me lancei verdadeiramente e de todo coração ao Senhor, e imagino que o céu tenha dado um brado de "Finalmente!". Apenas me entregando totalmente rendida a ele é que Deus poderia atuar em mim.

Deus está levantando mulheres que não dependem apenas do alimento que emana dos púlpitos, mulheres para as quais a palavra dos que ministram testifica o alimento que elas receberam em seu lugar secreto com o Pai. Algumas mulheres estão cavando e buscando profundidade, e da fonte que jorram essas águas elas alimentam umas às outras, uma vez que ninguém tem o suficiente e todas precisamos aprender a receber umas das outras. No entanto, algumas das revelações mais profundas e significativas na nossa própria vida resultam da nossa intimidade com Deus, dos momentos em que estamos a sós com ele.

Depois de iniciar a nossa caminhada com Jesus, desenvolvemos outra característica como mulheres improváveis: deixamos de nos importar com títulos e posições. Ao compreendermos que o próprio Jesus se esvaziou para fazer a vontade do Pai, aprendemos a suportar em silêncio as perseguições. Estas nos ensinam uma das lições mais valiosas que devemos aprender sempre: permanecer em silêncio.

É vital desenvolvermos o silêncio do aprendiz. Quem se aproxima de Deus deve aprender a ficar calado quando for irritado ou perseguido, pois, quando nos defendemos, perdemos a oportunidade de experimentar a ação de Deus para nos defender e justificar.

Nesse processo, aprendemos a valorizar o que Deus diz a nosso respeito, não o que as pessoas pensam ou dizem sobre nós. Apreciar o caráter aprovado por Deus é mais importante que conquistar uma reputação frágil aos olhos dos homens, pois, se amarmos mais a nossa reputação ou o que as pessoas pensam sobre nós, o nosso coração ficará doente e preso a frustrações, porque as pessoas que nos aplaudem um dia, são as mesmas que, diante das nossas falhas, nos apontarão como culpadas.

Devemos construir um caráter aprovado segundo o Pai e deixar a nossa reputação com ele, porque somente ele tem a habilidade de lidar com a correnteza de um mundo frenético e perdido. Se eu não confiasse plenamente nessa verdade, já estaria perdida e presa a sentimentos de decepção e rancor. No entanto, aprendi a prosseguir firmada em uma convicção sobre quem eu sou em Deus, pois são as palavras dele que me definem e me moldam.

Muitas e muitas mulheres se veem presas, estagnadas e perdidas, enterrando o chamado de Deus por medo do que outros vão pensar, mas o que os outros pensam não muda quem somos. Outras, no entanto, se lançam sem receio para algo que Deus não lhes convocou, simplesmente para obter a aprovação alheia. O problema de uma flecha que se lança sozinha é que ela não irá muito longe.

Toda flecha precisa do Arqueiro. É a autorização de Deus sobre nós que transforma os poucos pães e peixes em alimento para uma multidão. A falta dela, porém, faz do que poderia ser um banquete um lugar de desaprovação.

O que as pessoas pensam é transitório; por isso, quem somos não pode estar nesse lugar tão frágil que é a opinião alheia. Devemos lançar as raízes da nossa identidade em Deus, por meio de um relacionamento íntimo e profundo com ele. É dessa intimidade e desse relacionamento que nascerão as direções mais importantes da nossa vida.

Nesse sentido, é urgente parar de tentar impressionar as pessoas ou nos esconder delas, o que significa dizer que devemos ser mulheres autênticas, porque esta é uma das principais ações que Deus precisa fazer primeiramente em nós, aliada à convicção de quem somos nele.

Uma coisa é certa: tanto nas perseguições quanto nos aplausos, o nosso coração precisa permanecer ouvindo o que Deus diz.

> **“*Enquanto isso, Saulo ainda respirava ameaças de morte contra os discípulos do Senhor. Dirigindo-se ao sumo sacerdote, pediu-lhe cartas para as sinagogas de Damasco, de maneira que, caso encontrasse ali homens ou mulheres que pertencessem ao Caminho, pudesse levá-los presos para Jerusalém. Em sua viagem, quando se*

aproximava de Damasco, de repente brilhou ao seu redor uma luz vinda do céu. Ele caiu por terra e ouviu uma voz que lhe dizia: "Saulo, Saulo, por que você me persegue?" Saulo perguntou: "Quem és tu, Senhor?" Ele respondeu: "Eu sou Jesus, a quem você persegue. Levante-se, entre na cidade; alguém lhe dirá o que você deve fazer". Os homens que viajavam com Saulo pararam emudecidos; ouviam a voz, mas não viam ninguém. Saulo levantou-se do chão e, abrindo os olhos, não conseguia ver nada. E eles o levaram pela mão até Damasco. Por três dias ele esteve cego, não comeu nem bebeu. Em Damasco havia um discípulo chamado Ananias. O Senhor o chamou numa visão: "Ananias!" "Eis-me aqui, Senhor", respondeu ele. O Senhor lhe disse: "Vá à casa de Judas, na rua chamada Direita, e pergunte por um homem de Tarso chamado Saulo. Ele está orando; numa visão viu um homem chamado Ananias chegar e impor-lhe as mãos para que voltasse a enxergar (Atos 9.1-12, NVI). ”

Atos 9 exemplifica perfeitamente os momentos em que fazemos as coisas pensando que temos aprovação de Deus, quando na realidade não temos. Paulo estava em uma missão a respeito da qual pensava agradar a Deus, mas foi necessário cair do cavalo para que ele voltasse ao propósito divino.

Na ressurreição de Jesus, após a perda de Judas, os discípulos compreenderam que era necessário escolher alguém para completar os Doze, e diante da proximidade dessa escolha surgiu Matias. No entanto, Deus continuava chamando pessoas. E fez isso com Paulo — alguém que muito provavelmente não seria escolhido aos olhos humanos.

Deus escolheu alguém que ninguém escolheria, e hoje ele continua escolhendo mulheres que jamais seriam escolhidas pelos padrões humanos.

A maioria de nós só ouve o Senhor quando cai do cavalo, ou seja, quando é tirada à força de uma postura adotada. Quando Paulo se levantou do chão, depois de cair do cavalo, ele estava literalmente cego. Embora já estivesse espiritualmente cego, a cegueira física foi oportuna para que Paulo entendesse a cegueira espiritual em que estava vivendo.

Como é triste sofrer na carne a permissão de Deus para enxergar as prisões e a cegueira espiritual em que estamos! Para algumas de nós, parece se tratar da única forma de entender sua real condição.

Esse texto nos chama a atenção para outro fato: quem participou da restauração de Paulo não foram os grandes da sinagoga, nem seus colegas fariseus mais chegados, e sim Ananias — um homem simples e comum, um improvável. Nem sempre as pessoas que Deus usa são conhecidas e têm visibilidade no meio evangélico, mas pessoas que, em seu anonimato, são cheias do Espírito Santo e ouvem o Senhor. Trata-se de pessoas que não possuem muitos seguidores, mas que dobram os joelhos, e os céus se abrem; são homens e mulheres, verdadeiros "Ananias", usados por Deus para nos devolver a visão.

Precisamos de Ananias, de mais pessoas que nos ajudem a chegar a lugares em Deus que nos devolvam a visão, lugares nos quais tenhamos a capacidade de visão restaurada. Às vezes, Deus permite cegueiras para que finalmente caiamos no lugar certo.

Na maioria das vezes, quando Deus deseja tratar conosco, ele nos tira também do nosso bando. É comum nos entristecermos quando isso acontece, porque alguns dos nossos ciclos de amizade se perdem; no entanto, devemos nos alegrar com os Ananias que nos devolvem a nós mesmas.

Deus continua escolhendo mulheres que jamais seriam escolhidas pelos padrões humanos.

A troca de bando requer que encontremos um novo lugar e propósito. De repente, Paulo enfrentou uma crise de credibilidade. Naquele momento, as pessoas começaram a duvidar da conversão dele e da nova conduta que ele havia adotado. Às vezes, a falta de credibilidade com as pessoas é o impulso de que precisamos para mudarmos de postura. Mas é também em meio à falta de credibilidade que conhecemos "Barnabés", pessoas que não desistem de nós e que acreditam no que Deus está fazendo.

Graças a Deus porque ele sempre levanta um Barnabé na nossa vida. Barnabé tipifica pessoas que nos ajudam a viver o propósito de Deus, que não se relacionam conosco com base no nosso passado, mas sim, tendo em vista o futuro que o Senhor reservou para nós. Além de precisarmos de Barnabés, é importante que sejamos Barnabés na vida de outras pessoas, pois é necessário olhar com amor para as improváveis e acreditar que elas podem mudar.

Todas precisamos de uma segunda chance em muitas áreas da nossa história. E Deus é especialista em usar as pessoas mais inesperadas e quebradas para que saibamos que ele escolhe as loucas deste mundo para confundir as sábias, a fim de que a glória seja apenas dele.

Deus não está buscando mulheres perfeitas, mas mulheres autênticas. Não precisamos viver subjugadas pela culpa, pois Deus está buscando mulheres imperfeitas que estejam dispostas a render-lhe a própria vida, mulheres cuja maior fome é a presença de Deus.

É tempo de Deus restaurar os ouvidos espirituais e o sacerdócio de muitas mulheres. Quando uma mulher funciona em seu lugar de autoridade, ativa outras mulheres que estão estagnadas. Deus espera que assumamos a nossa posição e usemos a autoridade que ele nos deu quando nos convocou.

Escute o seu chamado e assuma a posição para a qual Deus a chamou, depois de ter passado pela dinâmica do Reino de Deus: Deus sempre fará primeiro em nós, para que, então, atue por meio de nós!

A escola do quebrantamento

Deus possui uma escola chamada quebrantamento. A taxa de matrícula é paga através de uma gentil frustração, dando, assim, as boas-vindas com um sorriso amargo. Com tamanha recepção, é de se entender que se trata de uma escola pequena, com poucos alunos matriculados; menor ainda é o número de graduados.

Talvez seja por esse motivo que vemos muitos dons e pouco caráter, muita *performance* e pouca saúde emocional, porque muitos não compreendem que falar em línguas no domingo é um dom, mas guardar a língua na segunda-feira é o fruto do Espírito.

A escola do quebrantamento tem o poder de nos amadurecer, e a maturidade é uma chave de acesso.

Davi se matriculou nessa escola, e Saul foi seu professor. O jovem Davi aprendeu a se defender de Saul sem o atacar, e entendeu que existia um Saul dentro dele que precisava morrer. A unção nos separa, mas as dores nos preparam! É nas cavernas escuras da vida que somos edificadas no lugar secreto, e, quando Deus nos aprova na caverna, reinar no palácio será questão de tempo.

Na escola do quebrantamento aprendemos também a ignorar as críticas e as injustiças. Eliabe era o irmão mais velho de Davi e estava muito contrariado por ver Davi ser separado para algo que ele mesmo gostaria de viver. Eliabe representa as pessoas que amamos e que estão próximas de nós, mas que não celebram a nossa vitória.

Os "Eliabes" nos ensinam que, para abraçarmos a vontade de Deus, deveremos ignorar as ofensas. Isso não quer dizer ignorar as pessoas. Devemos amar as pessoas, mas não permitir que elas tenham domínio sobre o nosso destino. Para atendermos ao nosso chamado e vivermos intensamente o nosso propósito, será necessário aprender a ignorar as palavras cruéis que muitas delas nos dizem e suas falsas acusações.

Muitas pessoas se sentem paralisadas por terem dado ouvido a um Eliabe. Eliabe julgou Davi duramente, lançando contra ele palavras duras e ofensivas. Mas Davi não permitiu que as palavras do irmão o paralisassem ou regessem sua vida. Ele sabia quem era, e seguiu seu chamado.

Há muitas mulheres completamente estéreis por temerem o que os outros vão pensar ou dizer sobre elas. Por favor, não espere uma vida sem Eliabes, porque eles são professores preciosos para a nossa saúde emocional; sem saber, eles nos ajudam a desenvolver raízes fortes em meio aos ventos.

Além dos Eliabes, também contaremos com líderes como professores dessa escola. Talvez você já tenha sido perseguido implacavelmente por uma liderança, mas não desanime; existem lições valiosas que podemos extrair dessas experiências e de cada Eliabe da nossa história.

A primeira lição dessa escola geralmente é ministrada por aqueles que considerávamos referenciais, mas que falharam conosco. Para ser sincera, lembro-me daquelas escolas em que apenas um professor lecionava várias matérias, e penso que Saul era como um desses professores. Mas vou me ater apenas em uma das matérias que Davi aprendeu com Saul. Em razão de tudo o que eles vivenciaram, Davi aprendeu a não retribuir o mal com o mal, mas a retribuir o mal com o bem. A postura de Davi foi não devolver as lanças jogadas contra ele; ele aprendeu a se proteger do mal e a aguardar a justificação do céu.

Saul foi o professor que ensinou Davi a olhar para dentro de si mesmo, ou seja, um alerta para que ele jamais desejasse ser como Saul. Saul tinha a posição, mas a autoridade estava sobre a vida de Davi; é provável que, se não fosse a escola do quebrantamento, Davi pudesse ter sido um segundo Saul, reproduzindo a conduta errada de seu principal professor.

Foi através da escola do quebrantamento que Deus arrancou um "Saul" do coração de Davi, da mesma forma que algumas pessoas que conhecemos, homens e mulheres de autoridade sobre nós, nos ensinam que nunca devemos ser como eles. Por mais difíceis que tenham sido as lições ministradas pelos professores que Deus permitiu lecionar na nossa trajetória, elas foram usadas para quebrantar o nosso coração e, assim, contribuíram, sem saber, para o nosso crescimento. Por meio delas, aprenderemos a dar uma resposta diferente quando estivermos na posição de Saul.

O rei Saul procurava destruir Davi, mas seu único sucesso foi ter se tornado um instrumento de Deus para matar o "Saul" que vagava nas próprias cavernas de Davi. O que mais me impressiona em Davi foi que ele abraçou o processo, abraçou as duras circunstâncias; ele deixou que sua personalidade fosse lapidada e, ao findar a prova, Davi estava irreconhecível.

Na escola do quebrantamento aprendemos que não devemos abrir mão de quem somos. No caso de Davi, a simplicidade foi sua armadura; foi o elemento de Deus para conceder a ele a vitória. As pedras lisas de riacho, delicadamente lapidadas pelo tempo e pela água, foram armas poderosas para seu tempo de visibilidade. Da mesma forma, o que Deus está forjando dentro de nós no lugar secreto, é o que estabelecerá a nossa vitória nos lugares visíveis que Deus tem para nós.

Os olhos de todo o Israel estavam sobre Davi naquele dia. A escolha de Davi para enfrentar o gigante sem fazer uso da armadura de

Saul despertou nele uma nova força — a força do Senhor — para usar habilidades que já possuía.

É fácil buscar plataformas de lançamento, tentar pôr em prática aquilo que está funcionando ou dando certo em outros lugares ou ministérios. Mas Deus está em busca de "Davis", homens e mulheres que se recusem a vestir algo que não lhes pertence, algo que, em vez de ajudá-los a fluir, acaba engessando sua vida e ministério em estruturas e modelos prontos; modelos estes que já foram destituídos, assim como Saul já havia sido destituído por Deus.

Com sua própria identidade, Davi não enfrentou o gigante porque acreditava na pequena arma de que dispunha, mas porque ele profundamente cria no Deus que tão bem conhecia. Aquilo que aparentemente para muitos era motivo de vergonha, para Davi era a solução e projetou sua vida com Deus.

Ser aprovada na escola do quebrantamento e em cada matéria nos permitirá passar as fases seguintes, que exigirão de nós uma identidade muito bem firmada e estabelecida.

Os momentos de pressão trarão à luz a nossa essência e revelarão quem realmente somos, assim como a atitude de Saul trouxe à luz quem Davi realmente era. Davi, por sua vez, trouxe à luz quem era Saul.

As pressões de hoje nos amadurecem para o amanhã. Podemos estar angustiadas hoje, com muitos questionamentos que golpeiam as nossas certezas e convicções. No entanto, assim como Davi, não nos cabe escolher devolver as lanças, porque elas estão nas mãos daqueles que perderam autoridade; em vez disso, devemos escolher as harpas e prosseguir na adoração ao Senhor enquanto ele trabalha em nós e através de nós.

Acredite: já não existem limites para o que Deus pode fazer em você e através de você. Devolva o mal com o bem, e você verá como todos os "Sauls" ficarão perdidos e sem direção.

Em vez disso, batalhe no caminho da adoração. É a adoração que nos permite estar no ambiente perfeito que antecede as lutas e nos faz vivenciar o propósito com o foco em Deus e nos processos dele em nós, pois eles são processos necessários e pedagógicos que nos lançarão para outro patamar.

Quando pensamos em José do Egito, sabemos que Deus deu sonhos a ele, sonhos acerca do propósito que ele viveria. Mas Deus não mostrou a José todo o processo pelo qual ele passaria, porque, por mais doloroso que tenha sido, foi fundamental para que José tivesse a estrutura emocional e espiritual para a importante posição que ocuparia.

O processo nos amadurece! Portanto, se você recebeu uma orientação do Senhor, e o seu coração queima em direção a esse propósito, prepare-se para o processo. Pode ser doloroso e desafiador, mas transformará a sua perspectiva e, como consequência, a sua vida.

Por isso, Deus começa por dentro e muda as coisas de lugar: ele nos tira da zona de conforto, nos troca de bando, nos emudece e nos torna aprendizes outra vez porque sabe que nunca estaremos preparadas o suficiente. Cada etapa é importante para o amadurecimento de Deus em nós.

Desejo que você, mulher improvável, vença a tentação de viver no raso das aparências e se lance no profundo de uma vida aprovada por Deus no lugar secreto.

Deus está agindo em você para atuar através de você; para isso, não anule a sua essência esperando a aprovação das pessoas; muito menos dê os próximos passos tendo como base carências ou expectativas alheias. Se parar para pensar, você concluirá que essa combinação nunca funcionou; pelo contrário, só a levou para o terreno fértil do desânimo e da comparação.

Ame mais a sua integridade do que a sua reputação, porque a integridade diz quem você é de verdade, já a reputação oscila conforme o povo nos vê. E já dizia Deus a Samuel:

> *[...] Não o julgue pela aparência nem pela altura, pois eu o rejeitei. O Senhor não vê as coisas como o ser humano as vê. As pessoas julgam pela aparência exterior, mas o Senhor olha para o coração (1 Samuel 16.7).*

Seja aprovada na escola do quebrantamento, e Deus poderá usar você!

As pressões abafam quem somos.

Ester, no palácio, quando a posição de rainha e os benefícios do reino tentaram falar mais alto em seu coração, precisou de alguém sentado à porta para lembrá-la de seu propósito!

Deus está chamando homens
e mulheres como Mardoqueu.

Pessoas como Mardoqueu não atacam os que
ocupam o palácio, mas os ajudam a se lembrar
de quem são e para o que foram chamados.

Pessoas como Mardoqueu são simples e humildes,
mas ousadas e pontuais em suas palavras de
alinhamento com a vontade dos céus.

Mardoqueu gerou em Ester o posicionamento
correto para um tempo oportuno.

Precisamos de homens e mulheres sentados
às portas, pessoas desprovidas de vínculos que abafam
a verdade e que não têm medo de nos lembrar:
"Quem sabe não foi para uma hora como essa que
você foi levantada como rainha?".

Onde quer que haja um Mardoqueu,
existe uma Ester bem posicionada.

Onde houver uma Ester posicionada no
lugar certo, haverá um povo livre!

Capítulo 4

As mulheres que Deus deseja levantar neste tempo!

“

Às vezes precisamos

ser lembradas de

quem somos.

”

Deus tem levantado mulheres que cumprem os propósitos dele no Brasil e no mundo. Mulheres que sabem discernir os tempos e as estações, que compreendem e contribuem com o que ele deseja fazer neste tempo.

Elas não somente sabem ler os tempos e as estações ao redor, como também sabem viver suas próprias estações, sem se preocupar com as comparações, desfrutando do que cada estação especificamente carrega dentro de si. São mulheres que vivem na coerência de sua própria estação — tema sobre o qual trataremos no capítulo seguinte.

As mulheres que Deus deseja levantar neste tempo não são perfeitas nem correspondem a um estereótipo formado pela religião. Deus não tem contrato fechado com ninguém. Ele chama, habilita e usa quem deseja. Não demorará para que, em breve, testemunhemos um cenário em que muitas mulheres improváveis serão levantadas. Mulheres tão improváveis como a mulher samaritana.

Neste capítulo, quero chamar a sua atenção para *o perfil da mulher que Deus tem levantado*. Seguramente, você terá algumas dessas facetas; outras, no entanto, precisarão ser desenvolvidas ou aprendidas. O importante é que Deus sabe quem você é e como a formou. Ele infundirá em você o desejo de crescer e aprender para se tornar a mulher que ele tinha em mente quando você foi gerada.

O PERFIL DA MULHER QUE DEUS LEVANTA

Sondável

Muitas pessoas procuram Jesus em busca de cura, mas não desejam caminhar com ele. Buscam apenas as bênçãos, mas não a intimidade. Existem, porém, aquelas que estão muito além de uma bênção; têm um coração que deseja mais; são pessoas que não querem apenas ser abençoadas, mas também corresponder a um propósito na presença de Deus.

Amar a Deus quando as coisas vão bem é fácil; o verdadeiro amor, no entanto, se revela nas dificuldades. O nosso amor por Deus é provado nas dificuldades, nas tribulações, nas aflições, nos momentos em que não apenas a sinceridade desse sentimento é provada, como também o nosso coração.

Mas o coração é terreno a ser sondado. Assim como os salmistas oravam, devemos orar constantemente para que o Senhor sonde o nosso interior, não porque ele não o conheça, mas porque nós precisamos conhecê-lo:

> “*Investiga minha vida, ó Deus, descobre tudo a meu respeito. Interroga-me, testa-me; assim, terás uma ideia clara de quem sou. Vê por ti mesmo se fiz alguma coisa errada e, então, guia-me na estrada que conduz à vida eterna (Salmos 139.23,24).*”

Só Deus é capaz de sondar os recantos do nosso coração que ainda nos são desconhecidos. Somente ele é capaz de descortinar áreas do nosso caráter e nos convidar a um lugar de transformação. Apenas o Senhor é capaz, depois de ver tudo o que há escondido em nós, de nos amar, de não desistir e de procurar nos reconectar a seu bom propósito.

As mulheres que Deus está levantando neste tempo são mulheres "sondáveis", isto é, são conhecidas por Deus. Talvez você tenha assistido a uma busca desenfreada de mulheres rumo ao reconhecimento humano; no entanto, não devemos buscar ser aceitas pela sociedade ou reconhecidas por ela; antes, a nossa busca deve ter como alvo sermos conhecidas por Deus e aprovadas por ele.

Segura

É impressionante como Deus é especialista em levantar pessoas que costumam dizer que não possuem nada em si mesmas, que tentam dar desculpas para não serem usadas por ele. São pessoas que não buscam visibilidade nem exposição, mas que amam a intimidade com o Pai.

Justamente por isso, são aquelas que Deus deseja expor, estabelecer e levantar para um tempo e um propósito específicos.

É isso o que Deus tem feito na vida de muitas mulheres, ao levantar aquelas que validam os planos de Deus, que possuem autoridade sobre outros por meio da unção liberada sobre elas.

Como mulheres de Deus, a rivalidade e a comparação não são um lugar seguro. A postura de Isabel, ao reconhecer que o bebê que Maria gerava era maior do que o que estava sendo gerado em seu próprio ventre, mostra como essa mulher de Deus soube discernir a importância do milagre que Maria levava dentro de si; por isso, Isabel decidiu contribuir com esse propósito. Isabel foi mais do que uma parente de Maria; ela foi companheira de Maria no momento mais importante de sua vida.

Por outro lado, a insegurança é a raiz da rivalidade, mas uma mulher segura de si mesmo em Deus não terá medo de nada nem de ninguém. E o mais importante: ela não hesita em cooperar para que as mulheres a seu redor vivam o propósito de Deus e gerem os frutos que precisam nascer delas.

Não vingativa

O rei Davi nos ensina muito a respeito de uma característica comum nas pessoas que Deus deseja levantar. Por mais perseguido que tenha sido, Davi não ousou levantar a mão contra Saul. Saul morreu, mas não precisou ser morto pelas mãos de Davi.

Entenda: a porta que Deus abre ninguém é capaz de fechar. Quando chegou o tempo de Davi reinar, Saul morreu sem que a culpa dessa morte fosse atribuída a Davi. A verdade é que não precisamos perseguir ou nos vingar de ninguém, pois o tempo de Deus chegará, e nada poderá impedir que os planos de Deus se estabeleçam.

Precisa e pontual

As mulheres que Deus está levantando são precisas e pontuais. Apesar de improváveis aos olhos dos homens, são prováveis aos olhos de Deus. São "atiradoras de elite", munidas de uma palavra certeira; pertencem a um grupo tático, cuja precisão é incomum.

Enquanto um exército e um batalhão são formados por grande quantidade, os atiradores de elite são em menor quantidade, embora sejam forjados para atuar com alta precisão, preparados para situações de alta tensão e sem margem para erros.

Os atiradores de elite são convocados em situações nas quais a precisão pode salvar vidas. Assim são essas mulheres. Há momentos em que elas são mais do que necessárias, pois as palavras que emitem são precisas a ponto de desarmar guerras e trazer lucidez em meio à confusão.

Tem discernimento

> "*Da tribo de Judá, 6.800 guerreiros armados com escudos e com lanças. Da tribo de*

Simeão, 7.100 guerreiros valentes preparados para a guerra. Da tribo de Levi, 4.600 guerreiros, incluindo Joiada, chefe da família de Arão, com 3.700 homens sob seu comando, e Zadoque, jovem guerreiro valente, com 22 oficiais, membros de sua família. Da tribo de Benjamim, parente de Saul, 3.000 guerreiros. Até então, a maioria dos homens de Benjamim tinha permanecido leal a Saul. Da tribo de Efraim, 20.800 guerreiros valentes, cada um deles muito respeitado em seu próprio clã. Da meia tribo de Manassés a oeste do Jordão, 18.000 foram indicados por nome para ajudarem Davi a se tornar rei. Da tribo de Issacar, 200 chefes com seus parentes. Todos eles entendiam bem os acontecimentos daquele tempo e sabiam qual era o melhor caminho para Israel seguir (1 Crônicas 12.24-32). ”

O que me saltou aos olhos nesse texto foi o versículo 32, assinalado, pois afirma que os guerreiros de Issacar eram líderes que sabiam agir em quaisquer circunstâncias e comandavam o povo pelo melhor caminho.

Esse texto também revela o que Deus quer ver nas mulheres que ele está levantando: mulheres que discernem os tempos e as estações, cuidam da família, sabem onde colocam os pés e guiam os que estão a seus cuidados pelos melhores caminhos, pois são mulheres que se preocupam com o bem-estar de sua gente.

É interessante perceber que todas as tribos apresentavam um número expressivo de pessoas, mas a tribo de Issacar possuía apenas 200 chefes, uma diferença exorbitante que revela uma característica dessa tribo: eram pequenos em número, mas grandes em influência. Apesar de contar com poucas pessoas, saber discernir os tempos e lidar com qualquer circunstância diferenciou aqueles líderes dos demais.

Podemos concordar que, em meio a uma guerra, recorremos às pessoas que julgamos ser experientes, pessoas que saibam lidar com aquilo que estamos enfrentando, e os chefes de Issacar possuíam tamanha precisão e discernimento. São mulheres com essas características que estão sendo levantadas pelo Senhor.

O discernimento, além de ser uma característica fundamental, diz respeito à consolidação de uma construção já estabelecida. Deus está levantando mulheres que não se abalam, mas permanecem: "Com sabedoria se constrói a casa, e com discernimento se consolida" (Provérbios 24.3). Construir é bom, mas somente se estiver fundada na sabedoria e no discernimento.

Casar é uma escolha sábia, mas permanecer casada requer discernimento. Gerar filhos é sábio, mas na educação deles precisamos distinguir entre o certo e o errado, o bem e o mal, o que vale a pena e o que é perda de tempo; em todos os aspectos da vida, o discernimento é indispensável.

O discernimento é que definirá a comida e a mesa em que nos alimentaremos, pois o nível de sabedoria e discernimento de que dispomos determinará o nosso cardápio espiritual:

> ***"Quem se alimenta de leite ainda é criança, e não tem experiência no ensino da justiça. Mas o alimento sólido é para os adultos, os quais, pelo exercício constante, tornaram-se aptos para discernir tanto o bem quanto o mal (Hebreus 5.13,14, NVI)."***

O alimento sólido é destinado aos que, por exercitarem com constância, são aptos em discernir. Quanto maior for o nível de discernimento pelo qual nos pautamos, maior será o nível de revelação e compreensão em relação a tudo o que nos rodeia.

Uma coisa é certa: o alimento sempre chega, pois Deus é um Pai responsável que sempre alimenta seus filhos; no entanto, há outro lado: o alimento do qual nos nutrimos dependerá do nosso crescimento e maturidade, pois Deus nos alimenta conforme o estágio da vida em que nos encontramos. À medida que vamos crescendo, a nossa alimentação é ajustada e adaptada segundo as deficiências e forças do nosso organismo.

Coração voltado para o Senhor

Para alcançar sabedoria, conhecimento e revelação é preciso tempo, dedicação e entrega. E aqui há outra característica de grande valor: a mulher que Deus levanta tem um coração voltado para ele.

Algumas experiências no Espírito só serão vividas quando adotarmos a posição adequada em Cristo, quando aceitarmos entrar na Escola de Treinamento de Deus, na escola de intimidade com o Rei. As mulheres que Deus deseja levantar neste tempo são mulheres que expressam as características únicas de quem foi matriculada nessa escola.

Ester passou por essa escola, e cada mulher levantada por Deus precisará passar por ela e desenvolver tais características.

O coração da mulher que Deus deseja levantar pertence a ele. Por mais imperfeita que seja, o coração dela pertence ao Senhor. Mesmo quando erra, ela, em seguida, corre para Deus.

Maria é um dos exemplos bíblicos mais lindos de entrega e devoção, de uma mulher que escolheu dar o coração para Deus. Quando jovem, antes de se casar, não exercia nenhuma função de liderança, nem possuía dom ou chamado específico algum, tampouco tinha um ministério público. Mas ela derramou toda a sua vida aos pés de Jesus, e foi a única que Jesus honrou publicamente, pois ele disse que a atitude de Maria seria lembrada para sempre: " 'Eu asseguro que onde quer que o evangelho for anunciado, em todo o mundo, também o que ela fez será contado em sua memória' " (Marcos 14.9, NVI).

Isso porque, mesmo sem saber, Maria estava ungindo Jesus para o sepultamento, porque, quando o nosso coração é dele, agimos e fazemos coisas sobre as quais não temos a menor ideia de seu alcance e sua repercussão profética.

Quando somos mulheres de devoção, atraímos o olhar de Jesus sobre nós. O grande diferencial das mulheres que Deus deseja levantar neste tempo é que elas não desejam o olhar dos homens nem o reconhecimento humano, mas, sim, o olhar de Jesus. Somente o olhar de aprovação de Jesus é que nos preenche e satisfaz.

Apta para renunciar

Além da devoção, da entrega e da renúncia, as mulheres que Deus deseja levantar neste tempo estão preparadas para renunciar a coisas boas, lícitas e até plausíveis, muito embora não sejam o que Deus deseja para elas em determinada época ou estação da vida.

O grau de renúncia das coisas boas ou lícitas prova o amor, o serviço e a dedicação a Deus, pois revela se servimos a ele por aquilo que ele nos dá ou se servimos porque o amamos. Quando renunciei a uma posição ministerial por um ano, a renúncia de algo significativo para mim foi o tempo em que mais cresci em revelação, intimidade e autoridade em Deus.

Há aqui uma chave: quando renunciamos, por amor a Deus, a algo que amamos ou fazemos, trata-se de um nível mais elevado de entrega, porque testa não apenas os nossos sentimentos como também as nossas motivações e intenções.

Libertadora

As mulheres que Deus deseja levantar sabem que todo avião precisa de um aeroporto. Não podemos negligenciar o nosso lugar de descanso e entrega. Aviões voam alto, mas precisam de aeroportos entre um voo e outro. Todo Paulo precisa de um Ananias, assim como todas nós precisamos de pessoas que contribuam com Deus na tarefa de nos conduzir a determinado propósito. No entanto, o nosso lugar de descanso é o Senhor; não existe outro.

As mulheres que Deus quer levantar não são apenas hábeis, são mulheres que habilitam as demais mulheres; são "Josués" e "Calebes" da nossa geração. Quando toda uma geração falhou em entrar na terra prometida, Josué e Calebe não se enterraram com eles na murmuração, mas se levantaram para equipar e preparar uma nova geração que estivesse disposta a viver as promessas de Deus para Israel, seu povo.

Deus está chamando treinadoras neste tempo; mulheres hábeis que serão usadas para capacitar outras mulheres para que vivam os sonhos de Deus.

Infelizmente, vemos mulheres, líderes e ministras que servem no Corpo de Cristo e não se comportam como libertadoras, mas como carcereiras, porque se alimentam das feridas e das dores de outras. Em vez de ministrarem a cura e a libertação a mulheres feridas, elas têm se alimentado das feridas das doentes da alma e do espírito. Elas agem na contramão da ação de Deus.

Mas Deus, por outro lado, está levantando mulheres libertadoras que estão dispostas a ministrar a cura a outras mulheres e emancipar umas às outras; essas mulheres não temem promover as outras, pois compreendem que o voo de cada uma contribui para a expansão do Reino de Deus e glorifica o nome de Jesus.

As mulheres que Deus têm levantado são libertadoras, não carcereiras. São mulheres que possuem o dom de amar, levantar e encorajar umas às outras.

Quando Elias foi levado, a capa dele caiu sobre Eliseu. Da mesma maneira, quando uma mulher é levantada, aquelas que estão ao redor desfrutam da capa que cai sobre elas. Sempre que uma mulher é levantada, uma capa cai sobre nós; por isso, precisamos andar com mulheres que andam com Deus.

É mentoreada

Uma característica determinante na vida das mulheres que Deus deseja levantar é que elas caminham com mentores segundo o coração de Deus. Ouvimos muito sobre mentores atualmente, mas não basta estarmos em um processo de mentoreamento; precisamos de mentores segundo o coração de Deus. Precisamos encontrar pessoas que sejam como Tito na vida de Paulo, pessoas que são como bálsamo, que alegram o nosso coração, aquecem o nosso espírito e nos lembram de quem somos em Deus.

Por isso, é preciso ter cuidado e verificar que tipo de pessoas deixamos que influenciem o nosso coração; precisamos de instrumentos de Deus que nos encorajem e nos reposicionem no propósito divino quando perdemos o rumo ou tropeçamos.

Deus tem levantado mulheres neste tempo que ocupem diversas esferas da sociedade; mulheres nas quais ele mesmo depositou dons e talentos que precisam ser manifestos. O Senhor está alçando mulheres para lugares nos quais ele deseja nos estabelecer e reposicionar.

É preciso desenvolver o perfil da mulher que ele está levantando nesta geração e desenvolver estas e outras características espirituais em nós, para que sejamos as mulheres com as quais Deus pode contar neste tempo!

Não perca tempo.

Meu eu quer perfeição.

Quer merecer o amor.

Quer ser "super".

Quer dar conta de tudo.

Quer me posicionar em lugares de honra.

Quer que o meu valor esteja naquilo que eu faço.

Mas aí é quando a peneira passa.

*Para me mostrar que nas minhas imperfeições
ele se assenta como ourives, permitindo que
o fogo altíssimo das provações me forjem.*

Que esse amor é graça, que nunca
poderei merecer; apenas desfrutar.

*Que é justamente na minha fraqueza
que a força dele se aperfeiçoa.*

Que não importa quantos planos eu faça,
a resposta sempre virá dele.

Sim, apesar de ser fraca, continuo avançando.

Porque podemos nos decepcionar com
a religião e com as pessoas, mas...

... quando enxergamos quem realmente
somos, precisamos de fé para prosseguir
e abraçar a vontade de Deus para nós.

*Foi isso que aconteceu com Pedro:
ele foi peneirado para ter uma visão
ajustada de si mesmo.*

Tenha uma certeza: as peneiras virão
não para nos destruir, mas para nos mostrar que,
apesar das nossas fragilidades, estamos sendo
construídas e diversas vezes reconstruídas.

Quando a peneira passar por aí, tenha fé!

Não desfaleça, ela vem para nos
melhorar como pessoa!

Capítulo 5

Respeite a sua estação

“

Ela já pronta;

eu, no processo.

”

Não existe nada mais lindo que alguém que anda conforme a porção, a estação e a identidade que lhe foram concedidas. Existe um respaldo genuíno em tudo que essa pessoa se propõe a fazer. Uma autoridade jamais vista flui dessa pessoa como um rio que não se pode conter. É o natural que libera o sobrenatural. A unção é derramada, e a liberdade nasce desse lugar.

Passar pelas estações é levar consigo marcas peculiares de cada tempo. Quando passamos pelo outono, por exemplo, o aspecto é feio, as folhas caem, os galhos são retorcidos e expostos.

Jesus não se preocupa com figueiras que não estejam na estação de frutificar e, por isso, se encontram sem frutos. No entanto, confronta o que é falso e se entristece quando tentamos esconder quem somos, quando, pela ausência de frutos, nos escondemos atrás das folhas. Em um mundo de mentiras, precisamos escolher ser de verdade!

Recentemente fui a um salão de beleza retocar os cabelos brancos. Sim! Eu tenho muitos (rio quando me lembro disso)! Ali encontrei uma amiga, que também é pastora de uma comunidade da cidade. Aproveitando a espera, não demorou para começarmos a trocar figurinhas sobre ministério, pastoreio, filhos e casamento.

Enquanto conversávamos, cada uma era atendida de acordo com o que fora fazer. Eu terminei primeiro. Na hora de me despedir, tiramos uma foto juntas, e a frase que ela escreveu ao postar a nossa foto foi a seguinte: "Ela já pronta; eu, no processo".

Sai de lá pensando sobre isso. Apesar de sermos filhas, mulheres, esposas, mães, pastoras e amigas, podemos estar no mesmo lugar, mas em processos totalmente diferentes.

Podemos estar na mesma estação e ter respostas diferentes. Em tempos diferentes! Sabe o que aprendo com isso? Ela está pronta? Celebre! Quando batemos a foto, ela disse: "Você está linda! Eu ainda estou com touca no cabelo, mas não vou perder esse momento com você".

Ela não se importou com a nossa diferença. Ela não se importou em ficar por último. De igual modo, o Reino de Deus não é para os que chegam primeiro, nem para os que são mais velozes, mas para os que respeitam o tempo de cada estação e seu processo.

Talvez você esteja ao lado de pessoas "prontas", mas você se olha e se dá conta de que está no processo. Não tem muitas certezas; você se sente desajeitada e às vezes pensa: "Será, Deus, que esse processo um dia vai acabar?". Eu posso garantir que sim! Enquanto isso, celebre quem está pronta e se renda ao seu próprio processo, respeite a sua estação e diga ai mesma: "Ela está pronta; eu, daqui a pouco"!

Existe uma estação, um tempo e um modo específico e apropriado para tudo; até mesmo para liberarmos as palavras que Deus ministra ao nosso coração, pois, em algumas delas, a espera é fundamental para que todas as peças necessárias se juntem na construção da mensagem que Deus deseja transmitir. Precisamos viver na íntegra a realidade de Eclesiastes 3:

> *Para tudo há uma ocasião certa; há um tempo certo para cada propósito debaixo do céu (Eclesiastes 3.1, NVI).*

Há um tempo para todas as coisas, e como é sábio andar no tempo apropriado para cada uma delas! É sábio discernir o tempo certo para lançar na terra as sementes que temos nas mãos. Igualmente sábio é perceber o momento de reter algumas coisas para um tempo oportuno.

Cada semente tem um tempo apropriado para o plantio. Cada semente carrega um *timing* próprio que sinaliza sua estação apropriada. É como se a natureza estivesse nos ensinando coisas profundas que precisamos aprender no Espírito. Deus nos chama para que andemos na nossa estação e, assim, vençamos a comparação. Estamos em um tempo em que é preciso ouvir e aprender sobre a importância de andar e respeitar cada estação, vencendo as exigências das expectativas ao redor. As expectativas de uma sociedade que deseja imprimir um padrão em nossa cultura e em nosso comportamento.

A mulher que vive sua própria estação entende não somente onde deve estar, mas, acima disso e mais importante, onde não deve estar.

Andar na estação em que de fato estamos, vencer a tentação da comparação e aprender a esperar são lições imprescindíveis na nossa caminhada com o Senhor e na nossa própria vida. Foi sobre isso que o Senhor ministrou ao meu coração em um dos nossos passeios em família. Estávamos em uma fazenda quando algo me chamou a atenção: um pomar com muitas espécies e variedades de frutos; entre as árvores frutíferas, havia uma laranjeira curvada, devido à enorme quantidade de laranjas, e um pessegueiro. Ao contrário da laranjeira, o pessegueiro estava seco e sem frutos; acontece que, quando o pessegueiro não está no tempo de frutificar, tem a aparência de uma árvore que morreu.

“

É preciso ouvir e

aprender sobre a importância

de andar e respeitar

cada estação.

”

Duas espécies distintas. Ambas compartiam um mesmo espaço e tempo, mas, enquanto a laranjeira estava carregada de frutos, o pessegueiro estava seco e vazio.

Ao olhar para o pessegueiro, era como se estivéssemos conectados. Quantas vezes me vi como ele, vazia de frutos, vazia de resultados, com a dor da esterilidade; enquanto isso, as laranjeiras estavam envergadas de tantas frutas.

O que, porém, eu não sabia era que aquela estação não era a da frutificação para mim. Talvez as suas amigas estejam em uma estação maravilhosa, repleta de frutos; você, no entanto, está como aquele pessegueiro: seca e vazia.

O fato de o pessegueiro estar seco, vazio e sem frutos não significa que ele esteja morto. Significa apenas que ele não está no tempo de dar frutos, mas, quando chegar essa estação, ele voltará a ter folhas, frutos e flores outra vez.

Encontramos, principalmente entre as mulheres, muitos "pés de pêssegos" por aí olhando os pés de laranjas que estão cheios de frutos. No entanto, tudo o que precisamos compreender é que Deus não nos chamou para sermos iguais, mas para aprendermos a desfrutar e esperar a estação de frutificar outra vez.

Frustrações doem.
Comparações são destruidoras

Quando nos rendemos à tentação da comparação, esbarramos na *desistência*. Desistir não é o mesmo que renunciar. É abandonar, abdicar, não prosseguir em um intento.

Sei que levantar após os tombos da vida requer uma força que nem sempre encontramos em nós mesmas. Eu mesma lutei contra a tentação da desistência diversas vezes. Fui desencorajada pelas circunstâncias, por pessoas e por mim mesma, crendo que jamais viveria algo realmente significativo.

Experimentei momentos de profunda frustração, mas foram justamente neles em que pude ouvir a doce voz de Jesus que me dizia para lançar as redes do outro lado. O Senhor sabia que, assim como Pedro, eu havia lavado e abandonado as redes; e, quando eu estava a ponto de desistir de tudo, deparei com a maior pesca da minha vida.

Deus nunca desiste dos que lhe pertencem. Ele usa as nossas maiores frustrações para nos alinhar à perfeita vontade dele.

O meu limite não é o seu; e o seu limite não é o meu. Então, seja livre!

Este é um assunto que tem pulsado no meu coração há muito tempo, justamente por receber mensagens e pedidos de socorro todos os dias de mulheres com sintomas de uma vida vazia e frustrada; na maioria das vezes, esses sintomas resultam da falta de entendimento da estação que estão vivendo e pelo costume nefasto de se compararem com outras mulheres.

Inúmeras mulheres estão sofrendo por não entenderem o tempo que vivem. Entender o nosso tempo dentro do propósito de Deus fará toda a diferença na nossa vida e nos projetos que Deus mesmo nos confiou.

No entanto, existe algo ainda pior: algumas mulheres se frustram porque querem viver a estação de outra pessoa.

Quantas de nós temos amigas ou conhecidas que estão superfelizes por terem conseguido um novo emprego, por iniciarem um novo projeto ou porque voltaram a estudar. Elas são convidadas para palestrar, conhecem lugares maravilhosos, fazem novas amizades. E nós? Enquanto isso, estamos com um bebê no colo, temos dificuldades financeiras, não conseguimos concluir os estudos, o nosso círculo social é reduzido e nos sentimos mais trancadas que passarinho em gaiola.

“Deus usa as nossas maiores frustrações para nos alinhar à perfeita vontade dele.”

Isso não significa que umas são melhores que outras; apenas que cada uma vive sua própria estação. Caso não consigamos entender essa diferença de estação, podemos nos tornar mulheres amarguradas e feridas, marcadas por uma esterilidade crônica.

Devemos nos alegrar e celebrar também as alegrias que não são nossas, os momentos e as estações maravilhosas que outras mulheres estão vivendo. Se o céu pudesse cravar algo no nosso coração, seria: "Não inveje! Celebre!".

Não precisamos invejar a estação de ninguém. Podemos celebrar juntas e andar na estação do Senhor para nós, desfrutando daquilo que ele nos deu no tempo que se chama hoje.

Tenho a honra nesta caminhada de fé de me sentar com muitas mulheres que são amigas de Jesus. E o que mais me impressiona nelas é a capacidade de celebrar as "laranjeiras" que estão espalhadas por aí. Como é maravilhoso encontrar não somente as que choram com os que choram, mas as mulheres maduras e resolvidas que são capazes de sorrir e se alegrar com aquelas que se alegram.

Cada estação tem uma provisão escondida. Por mais seco e vazio que o pessegueiro esteja em algumas estações, ele não irá morrer, porque existe uma provisão para que ele sobreviva a esse período até que chegue o tempo da frutificação. Da mesma forma, por mais seca e difícil que seja a estação que estamos vivendo, ela está promovendo em nós aquilo que é necessário para que voltemos a dar frutos.

Expectativas

> "*No dia seguinte, quando estavam saindo de Betânia, Jesus teve fome. Vendo à distância uma figueira com folhas, foi ver se encontraria nela algum fruto. Aproximando-se*

dela, nada encontrou, a não ser folhas, porque não era tempo de figos. Então lhe disse: "Ninguém mais coma de seu fruto". E os seus discípulos ouviram-no dizer isso (Marcos 11.12-14, NVI). ”

Jesus têm expectativas a nosso respeito. Se existe algo de que não podemos fugir de forma alguma, é do olhar dele sobre nós. Quando Deus pôs dentro de nós um propósito, destino e chamado, ele mesmo sonhou que viveríamos dentro desse propósito e chamado para nós.

Voltemos à minha experiência no pomar daquela fazenda... Sabemos que desde que era uma pequena semente, a laranjeira já possuía o DNA de uma laranjeira frutífera, uma vez que foi criada para esse propósito. De nada adiantaria se a laranjeira desejasse dar figos ou maçãs, porque seu DNA carrega o propósito de produzir laranjas.

No texto de Marcos, lemos que Jesus foi até uma figueira procurar figos. Ele não foi procurar laranjas, uvas nem maçãs, porque a exceptiva dele nunca é injusta; ele sempre buscará frutos conforme a identidade e o propósito que depositou em cada um de nós.

Muitas pessoas vivem sem direção porque não conhecem seu propósito de vida, seu DNA. Mas de uma coisa podemos ter certeza: todas nós temos um propósito, um DNA que o céu pôs no interior de cada uma de nós. A única forma de descobrirmos esse propósito é através de um relacionamento íntimo com Deus.

O texto também relata que Jesus teve fome e, ao ver aquela figueira, teve a expectativa de que ela pudesse saciá-lo. Existem coisas que Deus colocou em nós com a expectativa de que possamos suprir uma necessidade e saciar uma fome; por isso, não podemos estar desconectadas desse propósito.

Deus tem expectativas a nosso respeito; corresponder a elas nos trará plenitude e felicidade. No entanto, como as pessoas não se conhecem, olham para nós e nutrem expectativas a nosso respeito; na maioria das vezes, porém, são expectativas irreais. Se isso trouxer vaidade ao nosso coração ou preencher um vazio, vaidade ou carência, podemos ceder às expectativas alheias e às vezes, traindo o nosso propósito, frustrarmos as expectativas de Deus em relação a nós.

É importante saber fugir das expectativas que as pessoas têm a nosso respeito e cuidar para não sermos guiadas por elas. Devemos amar as pessoas, mas não ser guiadas por elas. Muitas vezes honramos a Deus e tememos as pessoas, quando deveria ser o oposto: deveríamos temer a Deus e honrar as pessoas.

Hoje Jesus olha para algumas figueiras e diz: "Eu tenho fome. Quero figo!". Foi assim comigo quando ouvi o Pai me dizer: "Eu quero alguém que vá até as áreas de prostituição e que seja os meus pés e as minhas mãos em lugares como esses!". Ele veio até mim — uma figueira que não sabia muito o que fazer, mas que estava disponível e desejava corresponder às expectativas do Criador. Isso é tudo aquilo de que precisamos: desejar corresponder às expectativas dele!

Só chegando perto

Você só conhece algo quando tem a chance de chegar perto; o resto é especulação, imaginação e, na pior das hipóteses, julgamento. Algo interessante aprendemos nesse texto de Marcos 11: de longe, toda árvore parece ter fruto!

Não podemos nos esquecer de que, de longe, todos parecem ter frutos, mas só conhecemos de fato uma árvore quando temos a chance de chegar perto dela. Aliás, o fruto mostra a identidade da árvore, de que espécie se trata; da mesma forma, o fruto define quem somos.

> *Tomem cuidado com falsos profetas que vêm disfarçados de ovelhas, mas que, na verdade, são lobos esfomeados. Vocês os identificarão por seus frutos. É possível colher uvas de espinheiros ou figos de ervas daninhas? Da mesma forma, a árvore boa produz frutos bons, e a árvore ruim produz frutos ruins. A árvore boa não pode produzir frutos ruins, e a árvore ruim não pode produzir frutos bons. Toda árvore que não produz bons frutos é cortada e lançada ao fogo. Portanto, é possível identificar a pessoa por seus frutos (Mateus 7.15-20).*

O mesmo princípio vale para os falsos profetas; só poderemos reconhecê-los por meio dos frutos que produzem. Os frutos não dizem respeito a realizações. Não quero dizer com isso que sabemos se uma pessoa é boa pela quantidade de seus resultados ou suas realizações. Também não será pelo número de seguidores nas redes sociais nem pela amplitude de sua influência. Quando Jesus fala em fruto, ele se refere a caráter. Vejamos o que a tradução desses versículos diz em *A Mensagem*:

> *Tomem cuidado com os pregadores muito sorridentes: a sinceridade deles é fabricada. Eles não perderão nenhuma oportunidade para depenar vocês. Não fiquem impressionados com o carisma. Procurem o caráter. Importa o que os pregadores são, não o que dizem. Um líder de verdade jamais irá explorar as emoções ou as economias do povo. As árvores doentes com seus frutos podres serão cortadas e queimadas (Mateus 7.15-20).*

Os frutos de um caráter honrado são inegáveis. Alguém pode ser dotado de dons incríveis e singulares, mas infelizmente ter um caráter dúbio. Os dons que Deus nos concede são os presentes dele para nós, mas o nosso presente para Deus é o nosso caráter aprovado. Por isso, Jesus não estava à procura de folhas, mas de frutos. Ele não buscava dons, ministério, atividade, mas o caráter aprovado de uma vida alinhada com a vontade dele.

Jesus viu aquela figueira a certa distância e imaginou que encontraria frutos nela. Às vezes, com fome de "uma palavra", começamos a ouvir pessoas que só conhecemos de longe, pessoas cujos frutos não podem alimentar. Atraídas pela quantidade de folhas, nós nos aproximamos de alguém, mas só há folhas, nada de frutos. As folhas, que bem podem representar os ministérios, também podem esconder a ausência de frutos ou ser um ótimo disfarce, mas não para Jesus. Ele não se deixa enganar por nada.

Não precisamos dar folhas quando estamos fora de estação, pois Jesus não está em busca de folhas nem frutos fora do tempo. Ele não foi injusto com aquela figueira. Ele não amaldiçoou a árvore por não dar fruto, mas sim por ter a aparência de frutos quando não era tempo de dar figos. Muitos seguem o mesmo padrão: têm aparência, mas não frutos!

Como igreja de Jesus, talvez vivamos este tempo, quando ele se aproxima de nós para ver o que estamos produzindo. Malaquias nos faz um alerta e um questionamento muito importantes:

> ***Mas quem poderá suportar quando ele vier? Quem permanecerá em pé em sua presença quando ele aparecer? Pois ele será como fogo ardente que refina o metal, como sabão forte que branqueia as roupas (Malaquias 3.2).***

“Os dons que Deus nos concede são os presentes dele para nós.”

Primeiro vem o questionamento acerca de quem suportará a vinda do Senhor; depois, a afirmação de que o Senhor virá como o fogo do ourives, como sabão do lavandeiro e como o refinador da prata. Deus não pode ser enganado: ele investiga e conhece tudo o que acontece.

Quando Jesus se aproxima, ele enxerga e vê quem realmente somos. Quando o Senhor se aproxima, as nossas intenções saltam para fora. Deus não vê como o homem vê; ele nos vê por dentro, e as folhas já não são mais capazes de esconder quem somos.

Para Jesus o problema é lidar com o que é falso; não quando a estação não é de frutos, nem com a aparência disforme, nem com os galhos retorcidos e expostos, porque tudo isso ele conhece e trata.

O Senhor está buscando mulheres que andam em sua própria estação, que não cedem à comparação e não se movem por carência. Não se sinta frustrada, travada nem infrutífera por ser quem é e por viver esta época que Deus lhe concedeu.

Deus sempre buscou aquilo que é verdadeiro, não falso. Falso é ser uma cópia; o problema da cópia é que ela não tem validade nem legitimidade. A autoridade é fruto de quem somos e do que reside somente em nós, em quem Deus nos criou para ser, não naquilo que copiamos.

Quando se encontrar com você mesma e com o seu chamado, os frutos nascerão naturalmente.

Jesus usou a figura da figueira para nos ensinar sobre as estações e também sobre a comparação. Em Lucas, temos outro texto muito interessante, que fala de outra figueira, mas que, diferentemente da primeira cujo problema era a aparência, sofria de comparação:

> **“** ***Então Jesus contou a seguinte parábola: “Um homem tinha uma figueira em seu***

vinhedo e foi várias vezes procurar frutos nela, sem sucesso. Por fim, disse ao jardineiro: 'Esperei três anos e não encontrei um figo sequer. Corte a figueira, pois só está ocupando espaço no pomar'. O jardineiro respondeu: 'Senhor, deixe-a mais um ano, e eu cuidarei dela e a adubarei. Se der figos no próximo ano, ótimo; se não, mande cortá-la' " (Lucas 13.6-9). ”

Aquela figueira tinha um problema: não conseguia frutificar. Precisamos aprender a admirar sem copiar, sem a necessidade de fazer igual. Algo poderoso acontece quando andamos na nossa estação, quando respeitamos os tempos e estações da nossa própria vida e fugimos do padrão "Ctrl+C Ctrl+V". Abandone a autossabotagem. Lembre-se: fluímos de forma positiva quando caminhamos na nossa estação e vencemos a comparação, porque a autoridade de Deus que está sobre nós diz respeito ao nosso DNA.

O que nos autoriza é a nossa história e a construção que o Senhor estabeleceu em nós. Por mais tentador que seja, não copie o que "está dando certo" ou "funcionando" para outras mulheres. Mantenha-se fiel ao DNA que o Pai lhe deu.

Talhas improváveis

Jesus ainda muda configurações e ainda encontra e usa talhas. Certo dia, durante um casamento em Caná, as talhas sofreram uma crise de identidade. De repente, de talhas vazias, passaram a ser conhecidas como aquelas que Jesus usaria para produzir o melhor vinho da festa:

“ *E, faltando vinho, a mãe de Jesus lhe disse: Não têm vinho. Disse-lhe Jesus: Mulher, que tenho eu contigo? Ainda não é chegada a minha hora. Sua mãe disse aos serventes: Fazei tudo quanto ele vos disser. E estavam ali postas seis talhas de pedra, para as purificações dos judeus, e em cada uma cabiam dois ou três almudes. Disse-lhes Jesus: Enchei de água essas talhas. E encheram-nas até em cima. E disse-lhes: Tirai agora, e levai ao mestre-sala. E levaram. E, logo que o mestre-sala provou a água feita vinho (não sabendo de onde viera, se bem que o sabiam os serventes que tinham tirado a água), chamou o mestre-sala ao esposo, E disse-lhe: Todo o homem põe primeiro o vinho bom e, quando já têm bebido bem, então o inferior; mas tu guardaste até agora o bom vinho. Jesus principiou assim os seus sinais em Caná da Galileia, e manifestou a sua glória; e os seus discípulos creram nele (João 2.3-11, ARC).* ”

Se existe algo que precisamos entender na nossa caminhada com Deus, é que ele não limita seus propósitos aos estereótipos humanos ou culturais. Na verdade, ao escolher doze discípulos, Jesus fez escolhas que enlouqueceram a liderança religiosa da época.

Podemos conjecturar que as talhas entraram em uma crise terrível naquele dia, porque Jesus estava rompendo um padrão. Os odres sempre foram usados para carregar o melhor vinho, nunca uma talha; quando Jesus muda algumas configurações, precisamos estar atentos: algumas talhas perto de nós poderão ser usadas.

É interessante lembrar que as talhas eram usadas para purificação; nesse contexto, podemos considerar que Jesus escolheu as talhas propositadamente, pois ele sabia que seria necessário trabalhar na terra do

“Deus não limita seus propósitos aos estereótipos humanos ou culturais.”

coração daqueles homens e daquelas mulheres que agora caminhavam a seu lado por cidades e vilarejos proclamando uma mensagem muito maior que eles mesmos.

Toda improvável será assediada pela tentação de imitar, porque um dos maiores desafios ou dificuldades que enfrentamos é acreditar em nós mesmas, ou melhor, acreditar que Deus nos escolheu e depositou em nós um propósito tão valioso dentro de um vaso de barro tão simples e frágil.

Assim como Jesus escolheu aquelas talhas improváveis para iniciar os milagres que realizaria, Deus nos escolheu apesar das nossas limitações e fragilidades para cumprir seus propósitos eternos.

Uma das habilidades mais necessárias nos dias atuais é amarmos mais a nossa integridade que a nossa reputação. Aquilo que as pessoas pensam não importa, mas sim quem realmente somos; compreender isso é libertador. Portanto, devemos vencer a tentação de viver na superfície das aparências e nos lançarmos na profundidade de uma vida aprovada por Deus no lugar secreto.

Para descobrirmos aquilo para o qual fomos chamadas, precisamos descobrir para o que não fomos convocadas, e esse processo de descoberta começa com muitas frustrações que resultam de inúmeras tentativas em sermos quem não somos ou fazermos aquilo que não fomos chamadas para fazer. Nesse sentido, a paralisação forçada, apesar de parecer ser algo ruim, pode ser a oportunidade valiosa de avançar.

Se Jesus perguntasse a você: “O que a trouxe até aqui?”, qual seria a sua resposta? A resposta a essa pergunta equivale à motivação do seu coração. A resposta não poderia ser outra: “Foi você, Pai!”. Aquilo que Deus promove ele também sustenta. Saber disso é o suficiente para eu seguir ou não no que tenho feito até aqui. Isso me aquieta e me tranquiliza, porque tenho a certeza de ter encontrado o meu chamado.

O amor de Deus por nós nunca muda, e nada é capaz de nos separar desse amor. No entanto, ainda que as escolhas erradas não nos separem do amor de Deus, elas podem nos separar dos propósitos dele para nós. Podemos ser intensa e profundamente amadas por Deus e, ainda assim, sermos totalmente disfuncionais em nosso propósito e destino.

Existe algo que precisamos entender nestes dias: qual postura e qual posicionamento precisamos ter em resposta à vontade de Deus para nós. O discernimento e o temor ao Senhor são elementos-chave para não sermos enganadas por uma religião vazia ou por um amor separado do compromisso e propósito:

> ***"Se vocês obedecerem fielmente ao SENHOR, o seu Deus, e seguirem cuidadosamente todos os seus mandamentos que hoje dou a vocês, o SENHOR, o seu Deus, os colocará muito acima de todas as nações da terra. Todas estas bênçãos virão sobre vocês e os acompanharão se vocês obedecerem ao SENHOR, o seu Deus (Deuteronômio 28.1,2, NVI)."***

Uma das posturas mais apropriadas para obedecermos fielmente ao Senhor é andarmos na "porção de terra" que nos foi confiada, na estação em que vivemos e com a nossa identidade, pois a autoridade de uma pessoa autêntica é uma autoridade que flui como um rio que nada pode parar; é algo natural que libera o sobrenatural; nela a unção é derramada, e a liberdade nasce desse lugar.

Quando pensamos na improbabilidade das talhas no casamento em Caná, compreendemos o motivo de ficarmos tão confusas quando Deus começa a nos revelar seus sonhos.

“O amor de Deus por nós nunca muda, e nada é capaz de nos separar desse amor.”

Acredito que, como eu, a maioria fica confusa e pensa: “Eu?”. Mas são conflitos como estes que nos movem para o crescimento e a maturidade imprescindíveis para vivermos os propósitos de Deus em nós.

Você está enfrentando conflito ou crises? Não desista. É apenas o começo do processo de maturação do seu coração, e Deus está chamando homens e mulheres maduros, que se deixam ser curados, tocados e construídos para cumprir uma tarefa divina. Jesus ainda muda configurações; ele ainda busca por talhas vazias; ele ainda encontra e chama improváveis que aprenderam a andar um tempo de cada vez.

Toda a minha gratidão aos ursos e leões que enfrentei nos bastidores da minha vida.

Eles me tornaram melhor e me fizeram enxergar as habilidades escondidas dentro de mim — aquelas que jamais imaginei possuir.

Sempre quando vejo alguém passando um momento difícil, olho e penso que esse momento é uma oportunidade dos céus sobre quem somos e sobre o que fazemos.

Os momentos difíceis têm o poder de calibrar o nosso coração e nos amadurecer como nenhum outro momento.

A pressão vem para estabelecer. É incrível como os dias mais difíceis foram os que serviram para levantar homens e mulheres cheios de uma graça sobrenatural.

Os dias difíceis são capazes de extrair a nossa essência.

No tempo difícil o carvão vira diamante.

Estamos vivendo dias de crise. Dias em que a oportunidade de crescer está bem à nossa frente.

Quanto mais lapidadas formos, mais autoridade nos será conferida.

Capítulo 6

Aprendendo a esperar

“

A lagarta não precisa

de um milagre;

precisa de um processo.

”

Todo cristão comprometido já entendeu ou se deparou alguma vez com a lição da espera. Os improváveis sabem que existe uma matrícula na escola do Espírito, e um dos primeiros professores a se apresentar é o tempo. O tempo é necessário para sermos aperfeiçoadas e preparadas para os propósitos de Deus. Esperar foi uma lição mais que preciosa que Davi teve que aprender em sua caminhada profética.

Antes de falarmos sobre Davi e sua espera para viver a vontade de Deus, é importante lembrar que, quando estamos caminhando com Jesus, percebemos que existem muitas renúncias e dificuldades que aqueles que caminham distantes do Pai não enfrentam. Ao olharmos para a vida de homens e mulheres de Deus, vemos um padrão mais excelente, de alto preço, de entrega e principalmente de espera.

> ***Mas os que confiam no SENHOR renovam suas forças; voam alto, como águias. Correm e não se cansam, caminham e não desfalecem (Isaías 40.31).***

Se existe algo que vamos aprender na caminhada com o Senhor, é esperar. A espera faz parte da vida — até mesmo o nascimento depende de um tempo de espera —, e existem muitas outras coisas na vida que só acontecerão no devido tempo.

Deus é poderoso para fazer uma nação nascer em um único dia; é um Deus que abriu e fechou o mar no tempo exato para salvar seu povo, que formou um exército partindo de um vale de ossos secos. No entanto, é o mesmo Deus que, embora tenha ressuscitado Lázaro, não removeu as faixas dele, porque as faixas deveriam ser retiradas pelas pessoas que estavam a seu redor; remover as faixas implicaria um processo. Deus é poderoso para fazer maravilhas em um piscar de olhos, mas, em seu amor por nós, ele opta não raramente pela espera.

O processo de espera: proteção

Ressuscitar é um ato; desenfaixar é um processo. Quando nos submetemos aos tempos e processos de Deus, colhemos frutos maduros e maravilhosos. É durante os períodos de espera que o Pai molda a nossa vida, nos capacita, expõe as nossas motivações, calibra as nossas emoções e nos revela a nós mesmas, desnudando-nos o coração diante dos nossos olhos.

É nos períodos de espera que conhecemos o nosso próprio coração, pois o tempo é especialista e analista; ele nos mostra o que não víamos em nós, mas também expõe tudo o que não sabíamos que estava dentro de nós; o tempo revela o que temos e o que não temos.

Ter um encontro com essa verdade é crucial para o nosso amadurecimento. Quando falamos em amadurecimento, precisamos nos lembrar de que é por meio dele que temos acesso às ferramentas e às habilidades que Deus nos entregará dentro de seu propósito.

Olhando para as minhas duas filhas em diferentes tempos de formação e maturidade, concluo: Vitoria, a primogênita, tem acesso a lugares e responsabilidades que a Isabela, por ser a caçula, ainda não pode acessar, para sua proteção.

Na verdade, a espera a protege. Isso mesmo! Por mais difícil que seja esperar pelos seus sonhos — como aquela promoção no trabalho, ou a gravidez tão desejada, quem sabe o casamento esperado —, a espera funciona como um sistema de proteção e a prepara para o que virá.

Precisamos ser forjadas para receber dos céus o que a terra não pode nos oferecer. Por isso, o tempo de espera é fundamental para desenvolvermos o caráter de que precisamos no ministério para o qual Deus nos chamou.

A espera trata e prepara o coração; assim como o lugar secreto e os períodos em que somos escondidas por Deus, os tempos de espera são essenciais para sermos forjadas e suportarmos todo tipo de exposição.

Estar exposto e ser chamado a ministrar a multidões é o tipo de chamado para o qual Deus precisa preparar algumas de nós. Muitas, ao ocuparem uma posição como essa, acabaram cedendo à pressão da visibilidade, sucumbindo diante da vaidade e da aprovação dos homens.

Por isso, as mulheres improváveis de Deus logo aprenderão a preciosa lição da espera que as protege de uma exposição precoce.

O processo de espera: confiança

Muitas pessoas não confiam em Deus porque não têm um relacionamento com ele e não o conhecem; isso quer dizer que, quanto mais distante e raso for um relacionamento, mais medo e insegurança serão gerados.

Nesse sentido, a espera requer confiança de que o que se espera tem uma finalidade justa e boa para o nosso crescimento, por isso só confiamos em pessoas cujo relacionamento tenha passado pela prova da lealdade.

Quando temos um relacionamento genuíno com Deus, desejamos buscá-lo para conhecer a vontade dele; aprendemos a depender dele e a obedecer-lhe diariamente, não por obrigação, mas por amor e desejo de agradar ao coração do Pai.

Uma mulher cheia do Espírito Santo não é uma mulher perfeita, mas é uma mulher que aprendeu o processo da espera por meio da confiança; ela aprendeu a priorizar e a buscar em Deus as diretrizes capazes de transformar sua realidade.

As mulheres que aprenderam a esperar compreenderam que não existe uma resposta mágica para aquilo que, do ponto de vista de Deus, exige um processo. Jesus exemplificou a importância do tempo de espera e da dedicação àquilo que é importante. Ele passou uma noite inteira orando para escolher seus discípulos. Se Jesus dedicou todo esse tempo para tal tarefa, quem somos nós para tomarmos decisões sem a direção do Pai?

Nesse sentido, é óbvio que precisamos andar sob a direção e o comando do Senhor, sabendo que esperar a direção dele não é perder tempo; é entender que a espera é tão importante quanto a direção que seguiremos, pois a própria espera nos capacita para ela.

A maioria das mulheres se sente um pouco perdida enquanto espera. Muitas questionam o que fazer nesse período. Há, no entanto, quatro ações importantes que devem ser levadas em consideração: 1) permanecer firme na última orientação recebida; 2) ser intencional; 3) perseverar em oração; e 4) manter a intimidade com Jesus.

A *primeira* é permanecer firme na última orientação que recebemos de Deus. No exército existe um protocolo muito interessante para quando os soldados se perdem na guerra: eles permanecem na última palavra que o comandante deu a eles.

Não é incomum buscarmos uma nova orientação de Deus para nós, quando, na verdade, ele está esperando uma resposta nossa diante da última orientação que ele nos deu. Deus somente nos confia uma nova direção se formos fiéis às palavras e direções que ele já nos confiou.

É necessário manter na memória e no coração as palavras que foram liberadas sobre a nossa vida e perseverar nelas, pois, na maioria

“

Os dons que Deus nos concede são os presentes dele para nós. Nosso caráter aprovado é o nosso presente para ele.

”

das vezes, quando queremos fugir dos lugares que Deus colocou nas nossas mãos, a direção é a mesma: permanecer.

A *segunda* lição importante nos períodos de espera é sermos intencionais enquanto esperamos. Se recebemos uma orientação sobre algo que Deus deseja fazer por meio de nós, devemos nos preparar para quando chegar o tempo do cumprimento da promessa feita. Ser intencional na espera é fundamental para que as promessas de Deus se tornem realidade na nossa história.

Aquelas que foram chamadas para ministrar a mulheres devem ser intencionais nisso; estudar, meditar na Palavra de Deus, equipar-se para esse trabalho são tarefas que não podem ser delegadas.

Deus está levantando mulheres que são intencionais naquilo que ele mesmo as chamou para ser. Seja qual for a sua ocupação — nutricionista, professora, pastora, missionária, médica, administradora, dona de casa —, é exatamente onde você está que Deus a chamou para ser intencional; isso significa dedicar-se ao máximo para que o propósito de Deus seja estabelecido onde você está. Precisamos ter uma atitude deliberada e resolutiva em nosso chamado.

A *terceira* postura a se considerar é permanecer no lugar de oração. Perseverar em construir um relacionamento mais íntimo com Deus.

Perseverar é não desistir.

Orar tem mais a ver com o que ouvimos do que com o que dizemos. É nesse lugar de oração que somos lapidadas, instruídas e preparadas para o cumprimento da promessa. Lembro-me de uma época na vida que não nos restou nada nas mãos, tudo ruiu: vida financeira, ministério, reputação. No entanto, a oração continuava de pé. A oração foi o lugar para o qual éramos convidados dia após dia a permanecer. E era nesse lugar que Deus nos sustentava e ministrava dia a dia.

Você está em um tempo difícil de espera? Persevere na oração.

A oração calibra sua vida. Quando você ora, você fala com Deus; fique atenta para ouvir a resposta, e ele falará com você.

> *Meus irmãos, considerem motivo de grande alegria sempre que passarem por qualquer tipo de provação, pois sabem que, quando sua fé é provada, a perseverança tem a oportunidade de crescer. E é necessário que ela cresça, pois quando estiver plenamente desenvolvida vocês serão maduros e completos, sem que nada lhes falte (Tiago 1.2-4).*

A *quarta* é fruto da terceira: quanto mais tempo você passar com Jesus em oração, mais parecida com ele você se tornará.

É impressionante como há aumento de intimidade quando investimos em tempo de qualidade. Quer em relacionamentos familiares, quer entre amigos, quando investimos tempo, quando plantamos tempo juntos, colhemos intimidade. A intimidade com Deus acontece na mesma dinâmica: quanto mais tempo investido, mais intimidade haverá.

Algumas revelações e alguns segredos são apenas para os íntimos. Nesse lugar de intimidade, o seu coração se aquieta e você entende que melhor do que viver as promessas divinas é ser amiga do dono dessas promessas.

Nesse lugar, você reposiciona o coração e se centraliza em Cristo. Mesmo que a espera seja longa, os seus olhos não estão mais nisso, e sim em Jesus.

O processo de espera: fogo purificador

A espera também consiste em um fogo purificador, porque vem para purificar tudo, uma vez que o tempo, quando aproveitado de forma intencional, prova todas as coisas.

O tempo de Deus é, em si mesmo, fogo purificador. Vivemos em um tempo de imediatismo e de urgências gritantes, por isso não gostamos de esperar. Muitas vezes, somos tentadas a seguir por atalhos, que podem até parecer mais fáceis, mas são, na verdade, atrasos vestidos de agilidade. Aceitar o tempo e a espera de Deus é infinitamente mais proveitoso.

Por mais difícil que seja esperar, Deus sempre tem um copo de água, um refrigério, um descanso para aqueles que esperam. Nos momentos de espera em Deus, o tempo vem como fogo purificador para remover aquilo que não agrada ao Senhor; um fogo que remove o medo, a timidez, as expectativas erradas e tudo o que está em nós que não procede de Deus.

No entanto, é também nos períodos de espera que as nossas forças são renovadas para que possamos alçar voos mais altos. As mulheres improváveis que Deus levanta entendem que vale a pena esperar o tempo de Deus. Ainda que a dor seja latente, é no tempo de espera que o Senhor queima as impurezas, ou seja, tudo o que não deve ser guardado e protegido em nosso interior; desse modo, a purificação espiritual e emocional de Deus nos aperfeiçoa para o que já está preparado para nós.

Deus deseja que sejamos como a prata; ao ser purificada, é como um espelho que reflete a imagem daquele que está trabalhando nela, e assim seremos tão parecidas com o Filho, a ponto de manifestarmos a expressão, a vida, o caráter e a essência daquele que nos purificou.

É no tempo de espera que devemos trazer à memória o que Deus já nos falou, caminhando com firmeza conforme as orientações que ele já nos deu.

O tempo de Deus é perfeito; por isso, na maioria das vezes, tudo o que precisamos fazer é abraçar este tempo e os processos de crescimento em nós; isso implica deixar de agir como criança birrenta, que resiste à espera quando deseja algo. Abrace este tempo de crescimento pessoal e dependência de Deus.

A verdade é que cada pessoa tem a visão da montanha que escalou, mas Deus continua nos chamando para subir, ousar voos mais altos e, assim, experimentar novas visões dessa escalada. Deus nos chama para lugares mais altos, e subir é nossa responsabilidade. Enquanto espera, peça a Deus sabedoria para crescer e ser purificada de tudo o que não agrada a ele.

O processo de espera: a escola do quebrantamento

Existe cura e esperança para o coração quebrantado. Não importa quão despedaçado ele esteja, há cura disponível para nós:

> ***Pois assim diz o Alto e Sublime, que vive para sempre, e cujo nome é santo: "Habito num lugar alto e santo, mas habito também com o contrito e humilde de espírito, para dar novo ânimo ao espírito do humilde e novo alento ao coração do contrito" (Isaías 57.15, NVI).***

Mesmo habitando em um alto e santo lugar, Deus também está ao lado do contrito, do quebrantado, do abatido e do oprimido. Os erros costumam trazer um peso de vergonha ou rejeição sobre nós, assim como os períodos em que nos sentimos abatidas, mas é quando nos sentimos em pedaços que Deus chega ainda mais perto:

> ***O Senhor está perto dos que têm o coração quebrantado e salva os de espírito abatido (Salmos 34.18, NVI).***

Em muitos textos bíblicos podemos identificar o quebrantamento como o fundamento necessário para o início da nossa transformação; ele é a matéria-prima da lapidação de Deus em nós.

Deus não deseja nos humilhar, mas intencionalmente age para que desenvolvamos a humildade. Em geral, a humildade vem depois do reconhecimento de que fizemos algo errado. Reconhecer que estamos erradas é imprescindível, porque, sem isso, ficamos patinando, estagnadas em muitas áreas da vida.

Se, neste momento, você tem enfrentado oposição ou tem pontos de vista conflitivos com um número razoável de pessoas, não pode simplesmente sucumbir ao engano de que o problema está na outra pessoa. Você precisa reconhecer que existem aspectos na sua vida que precisam ser transformados. Aí entram o quebrantamento e a humildade.

De tempos em tempos, Deus nos matricula na escola do quebrantamento. Ainda que pareçamos firmes ou fortes, ele conhece a condição do nosso coração; ele sabe o estado do nosso travesseiro e conhece a fonte de cada uma das nossas angústias.

Muitas pessoas são especialistas em ocultar sua real condição. No entanto, não há liberdade maior que a de sermos livres de nós mesmas, de pessoas, de movimentos autoritários e de prisões internas.

Quando Deus quer nos trazer liberdade completa, o quebrantamento é o processo favorito do Senhor, porque é através dele que o nosso orgulho é vencido, e a humildade é desenvolvida.

É na escola do quebrantamento que o nosso caráter é revelado, e tudo o que Deus deseja fazer em nós só será realidade quando o nosso caráter for completamente moldado pelo Senhor. É na escola do quebrantamento que o Senhor aperfeiçoa os nossos dons: quando ele derrama sua unção como resultado de um coração rendido a Deus e transbordante nele. Sobre esse processo, há algo mais que eu gostaria de compartilhar com você a seguir.

Diversas vezes somos separadas do bando, movidas do nosso círculo de convívio ou relacionamento, porque o isolamento faz parte do processo de quem Deus nos chamou para ser.

Vivenciei muitos momentos nos quais eu questionava o motivo do meu nascimento e pensava sobre qual seria o propósito da minha vida. Eram pensamentos constantes que me levavam a uma crise existencial. Cheguei até mesmo a não acreditar em algumas palavras liberadas sobre a minha vida, porque pareciam ilusórias. No entanto, hoje são uma realidade.

É comum escutarmos que o filho ou a filha de Deus cresce "de glória em glória", mas descobri que, em Deus, também crescemos *de crise em crise*, pois, quando somos matriculadas na escola do quebrantamento, as crises são processos de amadurecimento e de transformação.

Enquanto você foge das crises, Deus a convida a abraçá-las. Jonas foi chamado para levar uma mensagem até Nínive, mas fugiu. Então, Deus iniciou um processo de caça com ele, pois existia uma unção, uma autorização, sobre Jonas para que ele executasse aquela missão. Deus não havia ungido outro; ele havia ungido Jonas, assim como Deus nos ungiu para cumprir determinadas tarefas e missões, e ninguém mais fará o que nós devemos fazer.

Precisamos discernir os lugares para os quais Deus nos chamou porque é lá que estão a unção e os recursos necessários para a tarefa que nos é incumbida.

A mulher de Deus não faz nada sem a autorização de Deus; por isso, a escola do quebrantamento faz em nosso interior aquilo que só Deus poderia fazer, que é transformar o coração humano. Deus corrige falhas de caráter e sintoniza características de personalidade,

“A unção nos separa,

mas a dor

nos prepara.”

a fim de fazer aflorar uma identidade aperfeiçoada nele. Comigo foi assim: a transformação do meu coração extinguiu a timidez, fazendo aflorar uma mulher destemida, que depende de Deus e fala aquilo que Deus ordena.

Deus escolheu Davi. Um filho improvável, o oitavo filho de Jessé — aquele que o Senhor tirou de detrás das malhadas. Todo aquele que se aproxima de Deus o faz porque anseia por Deus; cada pequeno passo nosso em direção a ele tem a resposta de um passo gigante do Senhor em nossa direção.

É possível que as flechas direcionadas a nós —assim como as que Davi recebeu de seus opositores — sejam oportunidades para devolvermos doçura a cada aspereza recebida, pois a resposta branda desvia o furor; ao obedecermos a Deus e deixarmos que ele nos conduza, entramos em lugares mais altos e desarmamos guerras.

Davi abraçou o processo do crescimento e esperou dez longos anos até que Deus o fez assentar no trono de Israel, no lugar de Saul. Ele não fugiu das duras circunstâncias e das crises que envolveram seu processo de espera, mas assumiu a postura de humilde aprendiz.

Aprenda a esperar. Abrace o processo! Ele mesmo nos conduzirá ao que tem para nós!

A vida e a morte estão no poder da língua.

Muitas situações poderiam ser evitadas
se permanecêssemos em silêncio.

Falar na hora certa é remédio para a alma.

O silêncio nos ajuda quando ouvimos palavras indevidas.

Quando alguém está irritado, o silêncio nos chama.

Quando a maledicência nos procura, o silêncio nos esconde.

Se a ofensa nos golpeia, é o silêncio que
nos levará a um lugar de autoridade.

Quando a calúnia bate na porta, o silêncio não atende.

Se o orgulho nos chama,
o silêncio nos prende na humildade.

Se as acusações chegam ao nosso coração,
o silêncio será o escudo.

A mulher madura escolhe silenciar
e espera pela reposta daquele que nunca falha.

A resposta de Deus é justa e poderosa
para curar até os nossos ofensores.

Quando você escolhe o caminho do silêncio diante das ofensas, dá a Deus a chance de justificar você.

Que a sabedoria nos abrace neste tempo.

Capítulo 7

Aperfeiçoadas no silêncio

“

Tempo de calar e

tempo de falar.

”

Geralmente, quando Deus trata sobre silêncio, ele mesmo se encarrega de enviar-nos de diversas maneiras a mensagem sobre a importância de aprendermos a calar e silenciar. Isso diz respeito tanto a circunstâncias quanto a propósitos, direções e promessas dele para nós.

As nossas palavras definem a nossa maturidade ou revelam a falta dela. As palavras têm um poder incrível. Quanto mais maduras, mais sábias serão. Quanto mais paciência, mais maturidade haverá. Quanto mais maturidade, mais as nossas palavras serão instrumento de cura.

Quem sabe, assim como eu, você já teve o hábito de compartilhar tesouros em momentos e com pessoas com as quais não deveria fazê-lo, e Deus precisou usar um megafone para que você aprendesse a importância de guardar mais e falar menos.

Não raramente falamos sobre coisas que estão para acontecer e, de repente, o que estava certo para se tornar realidade foge completamente do rumo que estava tomando; tudo porque falamos antes do tempo. Muitas coisas não vão adiante, porque falamos quando elas deveriam ser geradas em silêncio.

A verdade é que existe poder no silêncio, da mesma forma que existe poder quando falamos no tempo apropriado. Muitos problemas seriam evitados se soubéssemos guardar o que acabamos liberando em momentos errados. Calar ou falar no tempo certo é uma atitude sábia que nos livra de muitos conflitos e desentendimentos.

Na multidão de palavras, a probabilidade de haver brigas, confusão, contendas e conflitos é muito maior; por isso, muitas reuniões de família terminam em conflito.

As mulheres improváveis devem aprender a guardar silêncio.

Esta tem sido uma arma para mim nestes dias; creio firmemente que Deus deseja nos equipar com essa habilidade em nossas mãos. Em situações específicas, percebi que o Senhor tem me conduzido a ficar calada, principalmente em momentos nos quais eu certamente verbalizaria os meus pensamentos e opiniões. Se, por acaso, os meus impulsos são mais fortes que a direção do Pai, fico triste por colher os frutos amargos de falar quando deveria me calar.

Os que costumam ter uma opinião franca sabem que é difícil calar nos momentos em que queremos expressar a nossa opinião, mas sabem também quanto sofremos por falar no momento ou da maneira inadequados. Foi por situações assim que Deus começou a me conduzir ao silêncio em muitas rodas de conversa e em diversas situações.

Entenda que estar em silêncio não é estar emburrada. Estar em silêncio é um convite para que a sabedoria seja a sua mestra no sim e no não.

Silenciar não significa calar para tudo. Não significa que vamos calar ou sofrer caladas por todas as injustiças, pois existe um equilíbrio necessário, que é o caminho seguro a ser percorrido. Por isso, é bom lembrar o que nos diz o Pregador: "Tempo de calar, e tempo de falar" (Eclesiastes 3.7).

De fato, existe o tempo de calar e silenciar; a palavra dita no tempo certo é como maçãs de ouro em bandejas de prata:

“

As mulheres improváveis

deverão aprender a

guardar silêncio.

”

> *Como maçãs de ouro em bandejas de prata, assim é a palavra dita a seu tempo (Provérbios 25.11a, NAA).*

Além de belas, como maçãs de ouro e bandejas de prata, as palavras ditas no devido tempo impressionam os ouvintes e estabelecem equilíbrio e graça quando são expressas.

Para isso, é preciso que a mulher de Deus esteja ajustada com o tempo do Pai, com o tempo e o modo de Deus. Quem aprende a proferir palavras no tempo apropriado desarma a ira e evita guerras, tudo por discernir que há tempo de falar e tempo de calar.

O poder do silêncio é imensurável, e uma das coisas que o silêncio nos confere é autoridade. Pessoas que falam demais costumam cair em descrédito, mas aquelas que falam pouco despertam a nossa atenção quando decidem falar.

Falar na hora certa confere autoridade, mas também a oportunidade de aprender mais, porque, quanto menos falamos, mais aprendemos, uma vez que ouvimos mais. A maturidade vem do ouvir e é resultado do calar, do aprender e do observar. Não nos esqueçamos de que a fé vem por ouvir a Palavra; quando aprendemos a calar para ouvir, aprendemos mais, crescemos mais, ficamos mais maduras.

O silêncio abençoa os nossos relacionamentos porque aprendemos a falar na medida e no momento exatos; assim, nós nos relacionamos de forma mais saudável, mais ativa e menos reativa; em outras palavras, não no calor das emoções.

Sempre há elementos que nos causam irritação em um relacionamento. Nesse sentido, não é incomum reagir ou dizer algo diante do que nos causa irritação.

Quando não conhecemos o poder do silêncio, certamente vamos reagir e nos expressar verbalmente quando deveríamos calar. No entanto, se dominamos essa importante disciplina espiritual, encontramos a paz necessária para não reagir de modo inapropriado, para pensar na resposta adequada e não responder às afrontas verbais que recebemos.

Deus está levantando uma geração de mulheres que são ativas, não reativas. As mulheres ativas no chamado de Deus ou naquilo que ele confiou em suas mãos são mulheres que irão redimir aqueles por quem elas mesmas foram feridas.

Precisamos ser esta geração improvável: que cura e redime os que nos ferem. Quem fere só pode dar o que tem; por isso, as que foram curadas por feridas alheias precisam se levantar para servir de ponte da restauração divina àqueles que tentam nos ferir.

Quando vencemos o ímpeto de falar e aprendemos a andar no poder e na sabedoria do sossego interior, Deus nos confia seus segredos. Assim como só confiamos os nossos segredos aos que sabemos que poderão guardá-los, Deus confia os segredos dele a quem aprendeu a silenciar e compartilhar em tempo oportuno.

Esferas de influência do silêncio

Todas temos uma esfera de influência em nossa vida, e Deus deseja que aprendamos a andar no poder do silêncio em cada uma delas.

A *primeira esfera* na qual o silêncio tem um impacto positivo é no relacionamento com Deus. A maioria de nós tem uma ideia errada sobre a oração, que é, na verdade, uma das plataformas do nosso relacionamento com Deus. A ideia errada se materializa quando fazemos das nossas orações verdadeiros monólogos: não paramos de falar, por isso não paramos para ouvir.

“

Deus deseja que aprendamos a andar no poder do silêncio.

”

Na prática, nós nos esquecemos de que a oração é uma conversa com o nosso Pai.

Quando alegamos que não conseguimos ouvir Deus, é bem provável que o excesso de palavras nos impeça de parar para ouvir aquilo que ele tem a nos dizer. Deus quer falar, mas é necessário aprender a ficar em silêncio na presença de Deus, porque ouvi-lo é indispensável para mantermos um relacionamento saudável com ele. O silêncio nos ajuda a ouvir Deus quando, de fato, não é um silêncio da boca para fora, quando silenciamos os nossos pensamentos no Senhor, não na nossa força.

> “ ***Se alguém se considera religioso, mas não refreia a sua língua, engana-se a si mesmo. Sua religião não tem valor algum!*** *(Tiago 1.26, NVI).* ”

A nossa família é a *segunda esfera* na qual precisamos ser aperfeiçoadas no silêncio, a fim de influenciá-la positivamente. A história da sunamita (2 Reis 4.1-36) exemplifica perfeitamente a sabedoria que precisamos desenvolver em nossa casa.

Ela havia ficado grávida por uma palavra do profeta Eliseu. Passado algum tempo, o menino cresceu e, certo dia, foi ao encontro do pai enquanto este trabalhava com os ceifeiros. O menino teve uma forte dor na cabeça, e um servo da família, enviado pelo pai, o pegou e o levou até sua mãe. Depois de algumas horas, o menino faleceu no colo da sunamita. Ao ver que o filho havia morrido, a sunamita subiu ao quarto que ela e o marido haviam feito para Eliseu, o homem de Deus. Ela deitou o menino na cama, saiu, fechou a porta e foi até o profeta.

A Bíblia diz que ela partiu para encontrar-se com o homem de Deus no monte Carmelo, e, quando ele a viu a certa distância, disse a Geazi, seu auxiliar, que fosse ao encontro dela e perguntasse se estava tudo bem com ela e com a família. Mesmo sabendo que o filho estava morto na cama do profeta, ela respondeu a Geazi: "Está tudo bem" (v. 26).

Algumas de nós podemos dizer que ela mentiu ou que não foi sincera, afinal nada realmente estava bem. No entanto, muitas vezes precisaremos aprender a ter a mesma postura da sunamita, que, mesmo diante da morte do filho, ainda tinha esperança. Em muitas situações da vida, esta deve ser a nossa resposta: "Vai tudo bem!".

Há uma grande diferença entre não ser realista e estar à espera de ver a mão de Deus em meio à adversidade.

É no silêncio que muitas mulheres ganharam o marido para Cristo ou reconstruíram o casamento. É no testemunho de mulheres sábias, não nas muitas palavras, que muitos homens serão arrastados para os pés de Jesus. Quando aprendemos a calar e andamos no poder do silêncio, somos aperfeiçoadas nele; e, quando chegar o momento de falar, Deus respaldará as nossas palavras.

Quando permitimos que o silêncio entre na nossa casa, como bálsamo que cura as feridas, e aprendemos a falar na hora certa, Deus derrama autoridade sobre nós e sobre as palavras que liberamos.

Igualmente acontece no que se refere às palavras que proferimos sobre os nossos filhos e a como nos comunicamos com eles. Mesmo sabendo que muitas vezes os nossos filhos farão coisas que nos irritam e nos desafiam, precisamos ponderar as palavras, principalmente quando a ira aparece:

> “*Quando vocês ficarem irados, não pequem; ao deitar-se, reflitam nisso e aquietem-se (Salmos 4.4, NVI).*”

Quando aprendemos a calar e andamos no poder do silêncio, somos aperfeiçoadas em Deus.

Falamos muitas coisas das quais nos arrependemos depois, e isso porque falamos sob a tirania da ira. Quantas de nós sofremos pelo efeito de palavras que os nossos pais proferiram quando estavam irados? Não podemos perpetuar a dor por meio das palavras. O silêncio nos livrará de pecarmos quando a ira rondar o nosso coração.

Quando a ira chegar, não responda sob sua influência. Pare, pense, fique em silêncio. Fale quando ela for embora, pois, sempre que agimos motivados pela ira, causamos dor e ferimos os demais.

Os mesmos critérios também são válidos quando nos referimos à família estendida e à família do nosso cônjuge, pois nos livram de desonrarmos ou entristecermos os nossos familiares.

A terceira esfera de influência do poder do silêncio se nota no relacionamento com os nossos amigos. É aqui que devemos ser discretas e confiáveis.

Acredito que Deus tem levantado neste tempo mulheres que são consertadoras de redes; trata-se de mulheres que aprenderam a falar no tempo apropriado e oportuno, mulheres que saram com suas palavras, com seu modo de falar.

Pessoas que não guardam segredos e que expõem os amigos não terão amizades duradouras, assim como aquelas que não aprenderam a controlar a língua delatam a confidência. Na contramão, o silêncio nos torna confiáveis e nos habilita como boas conselheiras, pois, quando falamos menos, observamos mais e estamos mais habilitadas a oferecer ajuda.

A *última esfera* que quero mencionar é a do âmbito profissional. Também precisamos andar no poder do silêncio na esfera do coleguismo. Nossa intimidade não deve ser exposta aos nossos colegas de trabalho, assim como não devemos expor nossa intimidade conjugal em rodas de conversa. No ambiente de coleguismo, quanto maior o silêncio, melhor. Um amigo sabe relevar os nossos erros e nos trata com amor e carinho, mas um colega de trabalho pode facilmente expor as nossas falhas e os nossos defeitos, pois não existe o vínculo de uma amizade consolidada.

Quando sofremos injustiças, ou quando somos alvos de mentira, perseguição, ofensa, ou, ainda, quando somos caluniadas e alvo de todo tipo de problemas em um ambiente de trabalho, devemos silenciar. Ao silenciarmos diante de uma injustiça, damos a chance para que Deus nos justifique.

Jesus apontou um caminho:

> **“*Depois de mandá-las para casa, Jesus subiu sozinho ao monte a fim de orar. Quando anoiteceu, ele ainda estava ali, sozinho (Mateus 14.23).*”**

Jesus precisava estar em silêncio com o Pai, pois, por estar sempre cercado pela multidão, precisava de descanso. Assim, tinha o hábito de se retirar para os lugares solitários e orar. Em alguns momentos, Deus também nos separará do grupo ao qual pertencemos para nos orientar e sarar.

Ele faz isso para que nos voltemos inteiramente para ele antes de que retomemos o convívio com as pessoas e nos precipitemos naquilo que ele quer restaurar. A chance de estragarmos o que Deus faz é grande. Por isso, o silêncio é o melhor caminho.

> **“*Diz o Soberano SENHOR, o Santo de Israel: “No arrependimento e no descanso está a salvação de vocês, na quietude e na*

confiança está o seu vigor, mas vocês não quiseram. Vocês disseram: 'Não, nós vamos fugir a cavalo'. E fugirão! Vocês disseram: 'Cavalgaremos cavalos velozes'. Velozes serão os seus perseguidores!" (Isaías 30.15,16). ”

Precisamos aprender que na quietude reside a nossa força. Quando não descansamos no Senhor e tentamos agir com as nossas forças, entramos em uma guerra para perder. Sempre que isso acontece, é provável que pioremos a situação.

É tempo de sermos mulheres munidas com o poder do silêncio, aperfeiçoadas nele, mulheres cujo silêncio é uma arma tanto de defesa quanto de ataque, mulheres que guardam as palavras do Senhor, que liberam palavras que curam e saram. Mulheres improváveis são aquelas que se deixaram aperfeiçoar pelo silêncio, tornando-se parceiras de Deus com as quais ele pode compartilhar seus segredos.

“

Deus tem levantado mulheres que saram com suas palavras.

”

A fraqueza que tanto quero esconder
me convida a ser lapidada.

A fraqueza que espero transformar em força
me mostra que a maior força é ser fraca.

A fraqueza que golpeia o meu orgulho
me leva às salas da humildade.

A fraqueza que desprezo me revela quem sou.

A fraqueza convida a graça, e as duas me
ensinam mais sobre amor do que a força.

A força perde a força, e a fraqueza ganha um
lugar especial no jardim da maturidade de quem se
recusa a ser uma fraude e optou por ser uma verdade.

A fraqueza arranca a máscara, já a
graça nos segura no colo.

A fraqueza não é o fim; é o começo.

Fraqueza e graça são amigas;
precisamos caminhar com elas.

A força corta, mas a fraqueza poda.

O orgulho corta, mas a humildade poda.

Capítulo 8

Cortadas, não! Podadas

“

É mais proveitoso sentirmos

as dores da poda perto do Pai,

que estarmos inteiras,

mas distantes dele.

”

As podas de Deus são pedagógicas, oportunas e pontuais na caminhada cristã; caso você ainda não tenha deparado com Jesus com uma tesoura na mão, prepare-se, pois as podas são extremamente necessárias para um crescimento saudável e para a nossa frutificação dentro do propósito para o qual fomos plantadas.

A poda chegou à minha vida em 2007. Foi a primeira vez que tive um encontro com Jesus e sua poderosa tesoura de poda.

É muito comum confundirmos o corte com a poda; afinal, a poda também é um tipo de corte, mas o que eu não compreendia era que as podas são cortes estratégicos para crescimento e frutificação das plantas. Da mesma maneira, Deus tem a incrível habilidade de ser pontual e tocar as áreas deficientes em nós que necessitam de intervenção.

Existe uma grande diferença entre a poda e o corte de uma árvore: mesmo que ambos envolvam cortes, facas, machados e tesouras apropriadas, a diferença reside no local a ser aferido com o corte, não no instrumento que será utilizado.

Os cortes podem nos aparar, nos melhorar e nos limpar de situações e sentimentos vazios e sujos, mas podem também nos matar e arrancar a vida que nos restava. Já as podas são precisas para potencializar a frutificação e o crescimento.

Um golpe a esmo de uma faca é um corte, mas um bisturi na mão de um médico é cura. É assim que vejo as podas de Deus: cirúrgicas e pontuais. Têm a precisão de um cirurgião.

A primeira fase nesse processo talvez seja realmente podar a fim de produzir mais frutos. Ou seja, a poda divina nada mais é que um alinhamento do ser humano à vontade de Deus, lembrando-nos de quem somos e de quem não somos. Primeiro ela tira e depois nos entrega a beleza de uma frutificação, ajustada à nossa identidade e estação.

> “*Todo ramo que, estando em mim, não dá fruto, ele corta. Todo ramo que dá fruto, ele poda, para que produza ainda mais (João 15.2-4).*”

Muitas vezes nos esquecemos, ao ler esses versículos, de que Jesus começa sua narrativa afirmando que ele é a videira verdadeira, e o Pai é o agricultor. Ele fará todas as podas necessárias para que possamos frutificar, e tudo começa com o desafio de permanecer: permanecermos em Jesus, a videira verdadeira.

O capítulo 15 de João recorda que toda a nossa suficiência está em Cristo e que sem ele não podemos fazer nada, pois somos semelhantes aos ramos que, desconectados da videira, secam e morrem.

Quando reconhecemos isso, entendemos que a verdadeira vida reside na nossa fraqueza. Então, descobrimos a força que existe na fraqueza da dependência total do nosso Pai e Agricultor.

Não gostamos de admitir falhas nem de reconhecer fraquezas, algo inerente ao ser humano. No entanto, existe uma força para os que reconhecem suas próprias fraquezas, algo comum aos improváveis:

“Quando reconhecemos que toda a nossa suficiência está em Cristo, entendemos que a verdadeira vida reside na nossa fraqueza.”

eles aprenderam a encontrar força na fraqueza e compreenderam que é justamente na fraqueza humana que o poder do alto se manifesta.

Para descobrir "para que" você foi chamada, talvez primeiro você precise descobrir "para o que não foi" — a esse processo chamamos poda. Quando você entende quem é, passa a frutificar naturalmente. No entanto, esse processo inicia com muitas frustrações, advindas de tentativas de ser quem você não é e de fazer algo para o qual não foi chamada nem habilitada. Portanto, ser interrompida — por meio da poda divina — pode consistir em um valioso avanço.

Encontrando força na fraqueza

Se existe algo que tenho aprendido caminhando com as mulheres, é que não gostamos de demonstrar fraqueza. Mesmo não sendo algo particular das mulheres, mas intrínseco ao ser humano, gostamos de ser fortes e nos sentimos mal quando a fraqueza está evidente em nós.

O grande problema das mulheres que não demonstram fraqueza é que, em geral, quando percebemos que elas estão fracas, a situação já está em estágio avançado, depois de terem passado por níveis de estresse e esgotamento.

Em outras palavras, quando se cansam, elas se cansam de verdade.

Embora a mulher tenha sido considerada o sexo frágil, sabemos que existe em nós uma força única, uma força que em muitos aspectos se diferencia da força masculina, mesmo que ambos sejam fortes e possuam forças distintas.

A mulher ama com intensidade única e carrega uma força incomum no sacrifício pelo bem dos outros. Ela não tem força física para construir paredes e colunas, mas tem a força para edificar um lar com sabedoria e graça.

Mulheres são resilientes na dor e não fogem dos desconfortos para ajudar alguém. Mesmo assim, não podem andar apoiadas em sua própria força.

Quando decidimos andar com as nossas próprias forças, caminhamos segundo a tendência do sexo feminino de querer controlar tudo e, com isso, geramos desgastes e problemas que poderiam ser evitados se o nosso coração descansasse em Deus.

No entanto, é nos momentos de caos que as motivações do nosso coração costumam ser reveladas. O que poderia ser para muitas de nós situações de tempestade, Deus chama de luz, porque desnudam o nosso interior diante dos nossos olhos, assim como nos momentos de fraquezas Deus se manifesta revelando algo em nosso interior que não conhecíamos. Em meio aos furacões da vida, o que estava oculto é exposto.

É sábio pôr em prática o benefício da dúvida e ponderar a respeito da possibilidade de estarmos erradas e de as pessoas estarem certas. As tempestades, ou vulnerabilidades, nos ajudam nesse processo, pois Deus não quer revelar as nossas fraquezas para nos envergonhar, mas para que sejamos curadas.

Em nosso negativismo, quando dizemos que tudo deu errado, o céu nos contempla e vê as coisas dando certo; por isso, precisamos aprender a nos desprender do que achávamos correto para abraçarmos aquilo que Deus está dizendo ser correto, pois os pensamentos do Senhor não são os nossos pensamentos, os caminhos dele não são os nossos caminhos, e o convite do Pai é que abracemos os pensamentos e os caminhos dele para nós:

> “ *Mas ele me disse: “Minha graça é suficiente a você, pois o meu poder se aperfeiçoa na fraqueza”. Portanto, eu me gloriarei ainda mais alegremente em minhas fraquezas, para que o poder de Cristo repouse em mim.*

> *Por isso, por amor de Cristo, regozijo-me nas fraquezas, nos insultos, nas necessidades, nas perseguições, nas angústias. Pois, quando sou fraco, é que sou forte (2 Coríntios 12.9,10, NVI).* ”

A natureza humana não costuma alegrar-se com fraquezas, privações, injustiças, perseguições ou desventuras, pois somos contrários a isso. É comum, quando passamos por períodos de perseguição e dor, sentirmos medo, raiva e todo tipo de sentimentos ruins, menos alegria. No entanto, como Paulo, devemos nos gloriar mais alegremente nas nossas fraquezas, uma vez que por meio delas o poder de Cristo se aperfeiçoa em nós. Este é o princípio da verdadeira felicidade dos que pertencem ao Reino de Deus.

Assim como fez com Paulo, Deus teve que ensinar o profeta Jeremias, muitos séculos antes, a deixar de lado o que ele pensava saber e tocar em sua boca para que as palavras de Deus dessem a ele uma nova perspectiva da realidade:

> “ *Então o SENHOR estendeu a mão, tocou minha boca e disse: "Veja, coloquei minhas palavras em sua boca! Hoje lhe dou autoridade para enfrentar nações e reinos, para arrancar e derrubar, para destruir e arrasar, para edificar e plantar" (Jeremias 1.9,10).* ”

Em muitos casos, Deus precisa tocar em nós primeiro, desconstruir e derrubar as nossas concepções e reações costumeiras para poder implantar em nós a autoridade de edificar e plantar, que é resultado da nossa sujeição aos processos de arrancar e derribar do Senhor sobre nós.

A verdade é que o poder de Deus se manifesta em meio às nossas fraquezas. Nos momentos de dúvida, medos, fracassos, dores e dificuldades, descobrimos uma força que não é nossa; pois, onde quer que habite a fraqueza humana, o poder do céu se estabelece.

Deus tem um propósito nas tribulações. Ele sempre encontra um caminho para que as nossas tribulações e as nossas fraquezas contribuam para o nosso benefício:

> **“*Não só isso, mas também nos gloriamos nas tribulações, porque sabemos que a tribulação produz perseverança; a perseverança, um caráter aprovado; e o caráter aprovado, esperança. E a esperança não nos decepciona, porque Deus derramou seu amor em nossos corações, por meio do Espírito Santo que ele nos concedeu (Romanos 5.3-5, NVI).*”**

De tempos em tempos, ele usa situações ou pessoas para mudar estações na nossa vida. Isso acontece quando alguma ministração divina tem acesso a determinados pontos dentro de nós; então, tudo muda. Em uma experiência recente, Deus me levou a buscá-lo em um lugar específico e de outra maneira na madrugada; ali comecei a falar sobre o meu desejo de entrar em lugares mais profundos nele, de experimentar um mover semelhante ao de alguns avivamentos espirituais sobre os quais eu estava lendo; clamei para que Deus se revelasse novamente em nosso tempo.

Deus, então, começou a me perguntar se eu realmente estava disposta a pagar o preço necessário. Mesmo sem que eu entendesse muito, ele continuou falando sobre o que o evangelho não era: não era postagens nas redes sociais, não era exibição nem sobre homens e mulheres famosos. Era ele, o que ele pode fazer e quanto podemos ser esmagadas e quanto das nossas fraquezas estão disponíveis para que a força dele seja revelada.

Ao expressar o meu desejo por mais do Pai, ele revelou seu anseio em derramar a essência do evangelho no meu coração. Acontece que um relacionamento de amor inclui a correção; ambos caminham juntos. O amor não diz sim a tudo; o amor exorta, porque amar é corrigir. E Deus sabe disso e aplica essa equação com frequência para o nosso crescimento.

Em alguns momentos, por amor a nós, Deus corrige a nossa conduta ou comportamento. Não precisamos ter medo da correção de Deus ou do preço que devemos pagar para viver a essência do evangelho, pois, quando nos dispomos a pagar o preço, ele se dispõe a estar conosco. Desse modo, não devemos ter medo de segui-lo; é na fraqueza que podemos contar com a força dele.

O evangelho não é sobre o que podemos conseguir, mas sobre a nossa entrega diária, sobre rasgarmos o coração e deixarmos que Deus seja Deus; não é sobre ter razão, mas sobre quanto o nosso coração pode ser transformado por ele.

É mais proveitoso para nós estarmos quebradas, sentindo as dores da poda, e perto do Pai, do que estarmos aparentemente "inteiras" e distantes dele. Muitas vezes, tudo o que precisamos é reconhecer que em nós não há forças suficientes diante das circunstâncias. Compreender que precisamos nos render ao poder do Espírito quando não vemos solução nem respostas é sabedoria e discernimento, não fracasso.

A graça de Deus está disponível a nós justamente quando as nossas forças se acabam, porque há muito que só pode ser alcançado pelo Espírito do Senhor, não pela força humana. Assim como as podas são importantes para frutificarmos onde estamos plantadas, as fraquezas são a oportunidade perfeita para que possamos experimentar a força do Pai agindo em nós.

Em alguns momentos, por amor a nós, Deus corrige a nossa conduta ou comportamento.

Nesse sentido, é bom lembrar que precisamos de maturidade para entender, sabedoria para escolher e obediência para nos render à poda de Deus.

Sei que você, talvez como eu, gostaria de ter uma borracha mágica para apagar determinados momentos da nossa história. Momentos, situações e lugares sobre os quais nos perguntamos por que estão ali. Lembranças e sensações que não gostaríamos de voltar a sentir.

Mas sabe de uma coisa? Descobri que é exatamente nesses pontos da nossa história que Deus escolheu derramar sua graça sobrenatural, seu amor e perdão. Se pararmos para pensar, percebemos que esses momentos difíceis foram verdadeiros portais para um novo tempo na nossa história e que muito provavelmente tenha sido nos lugares de vergonha que ele derramou dupla honra sobre nós:

> “***Em lugar de vergonha, vocês terão dupla honra; em lugar de afronta, exultarão na herança recebida; por isso, em sua terra possuirão o dobro e terão perpétua alegria (Isaias 61.7).***”

Não se envergonhe nunca do pacote completo da sua história. A sua história de vida é uma referência para você não desistir agora!

— Você acredita que eu estou com você?

— *Acredito!*

— Então, seja forte e corajosa!

— *Mas eu não me sinto capaz.*

— Nunca foi sobre capacidade, mas sobre mim.
Não foi você que me escolheu. Eu é que a escolhi!
Escolhi você, a quem eu trouxe dos fins da terra,
dos lugares mais distantes do mundo, e disse:
"Você é minha; eu a escolhi e não a rejeitei, você não
precisa ter medo porque eu sou o seu Deus.
Eu lhe darei forças; eu a ajudarei e manterei
você em pé, firme, com a minha
vitoriosa mão direita".

Capítulo 9

Estou cansada

“

Aprenda a descansar

e não desistir.

”

Estou cansada! Talvez esta seja uma frase corriqueira para você. E, sim, nós nos cansamos! As nossas preocupações e tarefas são cada dia mais intensas; além disso, é muito difícil administrarmos as expectativas das pessoas, da sociedade e a nossa própria expectativa.

As pressões são, por vezes, severamente desgastantes, e não raramente nos encontramos em embates internos e externos. A boa notícia é que Deus estabeleceu o descanso como mandamento. Não foi uma sugestão do tipo: "Olha, seria bom se você descansasse um pouco". Não! O descanso foi deixado para nós como mandamento:

> ***"O Senhor fez os céus, a terra, o mar e tudo que neles há em seis dias; no sétimo dia, porém, descansou. Por isso o Senhor abençoou o sábado e fez dele um dia santo"* (Êxodo 20.8-11).**

Talvez para muitas mulheres em plena atividade uma das maiores dificuldades hoje em dia seja exatamente a dificuldade de estabelecer um tempo para o descanso.

Muitas de nós acabamos descansando quando sobra tempo e, se pararmos para pensar, praticamente não sobra tempo para o descanso, pois as tarefas são inúmeras, urgentes e gigantescas, e as demandas ao nosso redor tendem a crescer à medida que abraçamos mais e mais atividades.

A grande verdade é que todas nós precisamos parar e descansar; para isso, precisamos organizar e planejar o nosso tempo de descanso. Sim! Eu sei que não é uma tarefa fácil, e é por isso que o descanso é um mandamento. Sei também que entrar nesse lugar de obediência fará uma grande diferença na nossa vida; por exemplo, descansar nos deixará mais preparadas para os desafios da vida, permitirá que a nossa mente tenha a oxigenação necessária, devolvendo a ela o fundamental para que a criatividade possa florescer outra vez.

Desgastes físicos, emocionais e espirituais são mais comuns do que podemos imaginar. Vivemos em um tempo de pressões diversas: familiares, financeiras, ministeriais e particulares da missão e do propósito de cada uma, quer individuais quer coletivas. Mas não se esqueça: o diamante é um carvão que se deu bem sob pressão!

Por isso, o descanso não é algo fácil de praticar, porque ele não acontece somente no aspecto físico. Para obter descanso profundo e real, precisamos de uma tríade: corpo, alma e espírito.

O esgotamento corporal

Nosso corpo precisa de descanso. Não é à toa que dormimos um terço da nossa vida. Fomos programadas por Deus também para o descanso, ou seja, todos os dias devemos parar a fim de descansar. Além de mandamento, o descanso também é uma necessidade vital.

Os problemas causados pela falta de sono são inúmeros, mas podemos mencionar dois deles que são agravantes e têm assolado muitas mulheres. O primeiro é a irritabilidade. Sim, a maioria das mulheres que não dormem o suficiente para que o corpo se recupere adequadamente tendem a ser irritadas. Elas acabam cedendo à agressividade, proferindo palavras duras que ferem as pessoas, além de sofrerem de intolerância crônica. Por isso, tenho um conselho específico para este tempo: antes que a sua irritabilidade e intolerância sejam usadas pelo Inimigo, verifique como está a qualidade do seu sono!

Na etapa do puerpério, a maternidade pode nos dar uma amostra dessa disfunção, pois trata-se de uma estação na nossa vida na qual uma boa noite de sono e descanso será sacrificada.

Quando estamos com um bebezinho pequeno, lidando com a alternância de cólicas e mamadas, é quase um milagre conseguir tempo para ler um livro. Mas é importante lembrar que esta é uma estação — como todas as demais estações —, que vai passar e abrirá espaço para uma nova estação, quando será possível desfrutar de uma noite de sono reparadora e de outros momentos tão apreciados pela mulher.

Amo a Palavra de Deus. Ela é a base de tudo aquilo de que precisamos para caminhar com luz e direção. É incrível a capacidade que a Bíblia tem de nos ensinar por meio de histórias e parábolas, aplicando princípios profundos e contundentes para este tempo. É nela que encontramos um homem de Deus que passou por estresse físico.

Em 1 Reis 19.5, após um cansaço intenso, lemos que Elias, desgastado, acabou dormindo. Deus enviou um anjo que teve a missão primeira de restaurar Elias fisicamente, provendo descanso e comida para o profeta desgastado:

> *Então ele se deitou debaixo do pé de giesta e dormiu. Enquanto dormia, um anjo o tocou e disse: "Levante-se e coma!".*

Elias passara por embates destrutivos, cansaço físico e emocional, mas primeiro precisou ser restaurado fisicamente; seu corpo precisava ser recomposto. Não podemos negligenciar o cansaço nem a necessidade de praticar o descanso. Não podemos esperar que sobre tempo para descansarmos, porque, por experiência própria, posso afirmar que não sobrará esse tempo.

Você precisa organizar e estabelecer o descanso como mandamento na sua vida.

O esgotamento da alma

As nossas emoções podem sofrer desgastes violentos devido a pressões, traumas e dores que não podemos evitar ou que não estão sob o nosso controle. A mente é extremamente ativa e possui mecanismos que podem estar a favor ou contra nós, se não soubermos aplicar o princípio do descanso sabiamente.

Muitas podem se perguntar: "Mas como dar descanso à alma? Se o nosso físico precisa de uma boa noite de sono, o que fazer com a alma cansada?". Vamos voltar ao texto de 1 Reis 19:

> *Elias teve medo e fugiu para salvar a vida. Foi para Berseba, uma cidade em Judá, e ali deixou seu servo. Depois, foi sozinho para o deserto, caminhando o dia todo. Sentou-se debaixo de um pé de giesta e orou, pedindo para morrer. "Já basta, SENHOR", disse ele. "Tira minha vida, pois não sou melhor que meus antepassados que já morreram" (VS.3,4).*

Nesses primeiros versículos, é possível ver a condição emocional de Elias: ele estava fugindo, e esta é a primeira característica de alguém que está desgastado emocionalmente. Nosso alarme interno aciona um comando de fuga, sinalizando que não somos capazes de aguentar por muito tempo uma situação estressante, e avisa que a nossa bateria emocional está esgotada.

Igualmente à nossa bateria emocional, acontece com a nossa bateria social, que também se desgasta e chega ao fim, gerando o desejo pelo isolamento, a vontade de nos afastarmos de tudo e de todos e de corrermos para um quarto escuro.

É nesses momentos que a nossa fé sofre um abalo, ficamos vulneráveis e nutrimos pensamentos negativos que são consumidos por constantes embates e crises.

Elias entra em um profundo desânimo

Elias passou por um daqueles momentos quando pensamos: "Não adianta, eu não consigo vencer!", "Eu vou desistir!", "Não quero mais viver!", "Não quero ver ninguém!".

Não sei se você já se sentiu assim, ou se já viveu um período como este resultante de um esgotamento emocional. A *primeira coisa* a fazer é buscar um lugar de descanso para a alma e para a mente. O remédio que faz isso acontecer, por mais controverso que pareça, é a gratidão.

E você me pergunta: "Gratidão? Como ser grata com tudo que estou vivendo?". Se parar tudo agora e fechar os olhos, você poderá ter a certeza de que há inúmeros motivos para ser grata.

Lembro-me de uma época em que para mim tudo havia se perdido. O Inimigo havia colocado uma lupa nos meus problemas, aumentando seu tamanho e abrangência na minha vida. Ele tem a capacidade de distorcer a nossa visão e fechar os nossos olhos para a bondade de Deus, manifesta em tantos momentos ao longo da nossa história.

“

Se parar tudo agora e fechar os olhos, você verá que há inúmeros motivos para ser grata.

”

Em *segundo lugar*, dê descanso à sua mente. Deixe de olhar para os problemas, para os projetos com prazos apertados ou para a sua agenda. Descanse a mente com atitudes que podem produzir bem-estar.

Pratique a solitude, não a solidão. A solidão é um sentimento; você pode estar em uma multidão e, ainda assim, se sentir solitária. A solitude, porém, é uma escolha, quando você deixa o frenesi do dia e corre para um lugar a fim de se expor a Deus e a seu poder curador e purificador das mazelas e dos compromissos do dia a dia.

Fique a sós com Jesus, converse com ele.

Volte a caminhar sozinha; ande de bicicleta, pratique um esporte.

Faça trabalhos manuais.

Deixe a alma e a mente descansarem das pressões do dia a dia.

Brinque com os seus filhos sem preocupações alheias.

Faça uma receita especial.

Largue o salto alto e coloque um chinelo.

Descanse.

> “*Por que você está tão abatida, ó minha alma? Por que está tão triste? Espere em Deus! Ainda voltarei a louvá-lo, meu Salvador e meu Deus! (Salmos 42.11).*”

O esgotamento espiritual

Talvez você esteja pensando: “Cansaço espiritual? É possível?”. Sim, é possível. Quando não nutrimos corretamente a vida no espírito e confundimos uma vida transformada pela presença de Jesus com a religião, nós nos desgastamos e nos frustramos.

Muitas de nós estão sendo jogadas na lona do desgaste pelo ativismo religioso. Acabam avançando o sinal vermelho quando precisavam parar e estão completamente sem forças para continuar.

Antes de fazer, Deus nos convida a ser! As nossas habilidades e os nossos dons não estão à frente de quem somos. Deus celebra quem somos. Quando ele escolheu Davi, disse por acaso: "Encontrei alguém com muitos dons e talentos, a quem posso dar a missão de ser Rei de Israel"? Não! Ele não olhou para aquilo que Davi era ou não capaz de fazer. Ele disse ao profeta Samuel: "Achei alguém que tem o coração parecido com o meu! Achei alguém em quem posso confiar!".

> ***"Vasculhei a terra e encontrei Davi, filho de Jessé. O seu coração está em sintonia com o meu coração, e ele fará toda a minha vontade" (Atos 13.22, AM).***

A palavra usada foi "vasculhar" a terra. Você já pensou por que vasculhar? Quando falamos em vasculhar, falamos em algo que não é fácil de achar, para o qual é preciso empregar tempo na procura. O que exatamente Deus estava procurando? Alguém que tivesse mais raiz por dentro do que a árvore que se mostrava por fora. Davi tinha mais conteúdo dentro do que fora. Ele não sofria de esgotamento espiritual porque era alguém que estava alinhado com Deus.

Quantos estão dentro das nossas comunidades cristãs, buscando seu valor no que fazem e, de tanto fazer, estão esgotados? É a nossa vida íntima com Deus que deve sustentar a vida pública, não o contrário.

O esgotamento espiritual chega quando você não respeita os seus limites e vive uma vida ativista sem a direção de Deus. Muitos passam por esse tipo de esgotamento, porque se sentem cansados e sobrecarregados. Precisamos prestar muita atenção nesta palavra: SOBRECARREGADO!

Estar sobrecarregado é diferente de estar cansado. O cansaço faz parte da nossa vida diária como decorrência das atividades normais de cada um. Nós nos cansamos até das coisas boas da vida, como de um bom dia de praia. No entanto, se estamos sobrecarregadas, isso significa que estamos envolvidas em atividades além do que podemos suportar. Muitas têm feito tarefas além de sua capacidade com a desculpa de que "é para Deus". Será mesmo?

O princípio da agenda continua sendo válido: ande na agenda de Deus. Até Jesus tinha uma agenda alinhada com as prioridades do Pai:

> ***Jesus respondeu: "Eu lhes digo a verdade: o Filho não pode fazer coisa alguma por sua própria conta. Ele faz apenas o que vê o Pai fazer. Aquilo que o Pai faz, o Filho também faz" (João 5.19).***

Você está carregando um fardo além da sua capacidade? Ter sabedoria para identificar o que nos compete e o que não nos diz respeito nos livrará de uma vida com sobrecarga.

Por vezes, na intenção de fazer o melhor para os outros, você se sobrecarrega. Temos a enorme dificuldade de priorizar, e o medo de dizer não e desagradar às pessoas tem levado muitas mulheres à beira do caos.

Mulheres cansadas e sobrecarregadas não conseguem avançar. A vida delas paralisa; então, começam a desistir, quando, na verdade, só precisam abrir mão das coisas que jamais deveriam ter aceitado fazer. A incapacidade de dizer não acaba arruinando o que deveria ser sua prioridade.

Sabemos, no entanto, que existe um lugar para as cansadas e para as sobrecarregadas. Aceite o convite e solte essa bagagem pesada que você leva nas costas:

> *Venham a mim todos vocês que estão cansados e sobrecarregados, e eu lhes darei descanso (Mateus 11.28).*

Vida abastecida X Tanque vazio

Existem momentos na vida quando buscamos Deus; em outros, parece que ele busca por nós. Esses são dias em que sentimos e experimentamos o cumprimento das seguintes palavras:

> *"Mas está chegando a hora, e de fato já chegou, em que os verdadeiros adoradores adorarão o Pai em espírito e em verdade. O Pai procura pessoas que o adorem desse modo. Pois Deus é Espírito, e é necessário que seus adoradores o adorem em espírito e em verdade" (João 4.23,24).*

Assim como existe um tempo em que Deus nos busca, há um tipo de pessoa que o Pai está buscando: as improváveis, ou, como o texto descreve, "adoradores que o adorem em espírito e em verdade".

Quando caminhamos com Deus, tanto nos momentos de intensa alegria como nos de cansaço, e por nós mesmas não temos forças, de repente ele vem e nos encontra.

As mulheres costumam ser prudentes, mas, por vezes, acabamos por negligenciar alguns cuidados pessoais.

As que dirigem automóveis sabem que sentimos um desespero enorme quando observamos o painel do carro, e a luz de reserva do combustível salta diante dos nossos olhos. Atualmente, muitos carros conferem maior segurança e praticidade ao exibir a informação de quantos quilômetros ainda podemos percorrer com o combustível que temos; mesmo assim, muitas sentem desespero ao serem surpreendidas com o tanque vazio.

Quando a luz da necessidade do abastecimento é acionada, é preciso parar e abastecer: uma mãe fatigada, uma mulher cansada de lutar com o alcoolismo do marido, uma líder eclesiástica frágil ou desgastada em seu ministério, uma profissional sob pressão e desgaste, uma adolescente com dores na alma, uma moça que sente o peso da solidão e a dor do abandono, uma mulher que enfrenta a dor da separação... Poderíamos fazer uma lista infindável de motivos que nos pegam de surpresa e de muitos outros que nos desgastam lentamente.

No exercício dos diversos papéis que a mulher desempenha, a exaustão perigosa ou o desgaste nocivo podem pesar sobre ela no decorrer do tempo, pois o tanque vazio é uma possibilidade para todas, basta negligenciarmos o nosso autocuidado e o cuidado com aquilo que Deus confiou nas nossas mãos.

Quando não vigiamos a nossa rotina, corremos o risco de acionar o piloto automático e não viver o que de fato foi designado para nós.

Na minha caminhada pessoal, quando oferecemos aconselhamento e ouvimos as pessoas, percebo que algumas vezes ignoramos os sinais de estresse e seguimos adiante mesmo sem combustível; avançamos mesmo quando a luz vermelha foi acionada e continuamos acelerando apesar de o tanque estar praticamente vazio.

Quando ministramos a mulheres, falar sobre o tanque vazio é um assunto desafiador, pois somos detentoras de uma grande virtude que pode se transformar em um defeito devastador: a capacidade de sacrificar-se pelo outro.

A mulher possui uma capacidade acentuada de sacrificar-se a si mesma e a tudo o que for necessário. Costumo dizer que o nosso egoísmo dura até o casamento e a maternidade, pois neles a nossa inclinação ao sacrifício pessoal se revela no serviço e cuidado do lar, no amor e cuidado do marido e dos filhos. São as mães que muitas vezes ficam sem comer para que os filhos tenham alimento; são elas que põem as dores no bolso e se sentam para brincar com os filhos, que escondem as lágrimas e espalham sorrisos mesmo que estejam chorando por dentro.

Existe em nós a disposição de entrega pessoal pelo outro e de ocultar as dores que sentimos, e justamente por isso nos desgastamos pouco a pouco e nosso tanque fica praticamente vazio sem termos terminado o percurso.

Por não nos permitirmos ser cuidadas — principalmente as que estão acostumadas a cuidar de tudo e de todos, que são mães das mães, mães dos pais, e que se desdobram para manter o equilíbrio e a harmonia da casa —, acabamos rendidas, sem forças.

A fome é um dos sinalizadores que nos indicam que precisamos parar e recorrer às fontes de energia; no entanto, não é apenas o corpo que manifesta fome; as emoções também sinalizam quando precisam ser alimentadas para permanecerem saudáveis. Deus tem prazer em curar os lugares mais íntimos do nosso interior, pois deseja que sejamos saudáveis emocionalmente; e muitas áreas emocionais têm sinalizado que precisamos parar e deixar que a cura do Senhor venha sobre as áreas nas quais precisamos ser abastecidas para que o nosso tanque emocional volte a encher.

“

Deus tem prazer em

curar os lugares mais íntimos

do nosso interior.

”

Muitas pessoas lutam contra a procrastinação: o hábito terrível de deixar as coisas para depois; sentem-se paralisadas e não conseguem executar suas tarefas: são bordados e costuras não terminados, cursos e faculdades interrompidos, telas e tintas perdidas, equipamentos comprados que estão empoeirados ou destinados para venda. Podem ser pessoas empolgadas e cheias de ideias, mas que, em pouco tempo, perdem o interesse e fazem novos planos. Essas pessoas precisam ser saradas em suas emoções.

Andar com o tanque vazio nos fará parar no meio do caminho. Ainda que a parada para o abastecimento tenha uma aparência de atraso, é sábio parar para fazer o certo. É melhor parar e ser reabastecida por Deus do que prosseguir desgastando ainda mais as peças.

Quando percebemos um movimento de Deus em nos barrar ou parar, devemos confiar, obedecer e nos sujeitar ao tempo e modo dele, pois são esses momentos que nos prepararão para os níveis posteriores e os lugares que ele mesmo já preparou para nós.

Não somos inabaláveis nem intocáveis; somente Deus é inabalável. Somos humanas, temos fraquezas e vulnerabilidades diversas, lidamos com maus pensamentos que precisamos jogar fora. O que nos diferencia dos demais seres humanos é a prática de ouvir e aprender do Senhor.

Os momentos de tanque vazio, quando o combustível acaba, não são o fim; são oportunidades para vivermos a verdade e praticarmos princípios. Assim como o sofrimento só nos torna melhores dependendo da maneira em que lidamos com ele, as experiências de falta de combustível podem ser lições proveitosas.

Alguns sentimentos que sinalizam ou indicam que estamos com o tanque vazio e que nos ajudam a detectar que o nosso combustível está no fim são: falta de esperança, sensação de que nada vai melhorar, lágrimas frequentes, dificuldade de concentração, dificuldade para tomar decisões, irritabilidade, insônia, níveis de atividades menores, sentimento de solidão mesmo cercadas de pessoas, falta de atração conjugal, distúrbios alimentares e dores diversas.

Deus, porém, é o nosso pastor, e nada nos faltará:

> "*Ó Eterno, meu pastor! Não preciso de nada. Tu me acomodaste em exuberantes campinas; encontraste lagos tranquilos, e deles posso beber. Orientado por tua palavra, pude recuperar o alento e seguir na direção certa. Mesmo que a estrada atravesse o vale da Morte, não vou sentir medo de nada, porque caminhas do meu lado. Teu cajado fiel me transmite segurança. Tu me serves um jantar completo na cara dos meus inimigos. Tu me renovas, e meu desânimo desaparece; minha taça transborda de bênçãos. Tua bondade e teu amor correm atrás de mim todos os dias da minha vida. Assim, vou me sentir em casa no templo de Deus por todo o tempo em que eu viver (Salmos 23, AM).*"

Esse texto tão conhecido, aqui na versão *A Mensagem*, nos faz compreender a importância e o prazer de Deus com o nosso descanso. Certa vez, viajando com o meu marido, Telmo, ao Paraná, observamos diversas e lindas plantações pelo caminho; passamos por determinada região, e percebi uma planta baixa que não consegui identificar. Quando perguntei, o Telmo me disse que aquela planta servia para o descanso da terra, que, depois de ter frutificado tantas vezes, precisava ser nutrida e ter um tempo de repouso, algo fundamental para o êxito das plantações seguintes.

Assim como a terra, precisamos dos tempos de descanso, ainda que o nosso descanso escandalize os que estão sempre dizendo que devemos "fazer algo" o tempo todo. Não podemos permitir que o ativismo em qualquer área da vida nos faça negligenciar o princípio do descanso.

Deus está levantando mulheres que precisam ser lembradas da necessidade de descansar, mulheres que precisam reconhecer que sua própria terra necessita tempo para se recuperar e florescer novamente.

No Reino de Deus, diferentemente do reino dos homens, menos é mais. Se fomos surpreendidas pelo tanque vazio, não precisamos ter vergonha de descansar, pois o convite do Senhor para nós hoje é um lugar de descanso.

> "*Sabendo Jesus que pretendiam proclamá-lo rei à força, retirou-se novamente sozinho para o monte (João 6.15, NVI).*"

A postura de Jesus nos ensina que devemos nos retirar quando os homens desejam nos posicionar em algum lugar que não seja o lugar que Deus tem para nós. As retiradas de Jesus para o monte nos falam sobre fazer paradas com a finalidade de encher o tanque, paradas para o abastecimento emocional, espiritual e físico. Não ande com o tanque vazio. Pare e abasteça.

Deus conhece a nossa estrutura como ninguém, conhece a capacidade do nosso tanque, mas também conhece a quantidade exata do vazio físico, emocional e espiritual que ele precisa preencher com o combustível divino.

A boa notícia é que Deus promoverá lugares de descanso e encontros restauradores que serão fundamentais para o nosso crescimento e transformação.

Às vezes, você se sentirá muito sozinha, e isso é parte do processo de ser reafirmada na sua identidade. Quando Deus deseja tratar conosco, ele nos tira do bando, nos leva por caminhos que jamais conseguiríamos trilhar sozinhas. E lá, longe de tudo e todos, mergulhadas no lugar secreto e no descanso, conhecemos o Abba Pai e somos reabastecidas por conhecê-lo mais de perto.

Não permita que as pressões externas provoquem um vazamento que acelere a sua perda de combustível. "O Deus que a vê" não precisa de resultados. Ele precisa apenas que sejamos filhas! O mundo vai dizer que o nosso valor reside naquilo que fazemos, mas o Pai diz que o nosso valor está em quem somos.

Não precisamos ter pressa nem sucumbir à pressão das pessoas, das tarefas das demandas diárias. Devemos, sim, nos render aos períodos de descanso, pois eles nos restauram e curam para as estações seguintes.

Não ande com o tanque vazio. Aprenda a descansar. Abastecer é fundamental você para continuar avançando.

O Deus do monte Carmelo é o mesmo que a encontra na caverna. O Deus de altares aprovados é o mesmo que a espera nas cavernas escuras do medo, da frustração e da angústia.

O Deus que fala por meio do fogo é o mesmo que fala na brisa suave. O Deus que usa o fogo para levantar, provar e aprovar você é o mesmo Deus que usa a brisa na porta da caverna para restaurá-la.

O Deus que lhe dá riachos nos dias quentes é o mesmo que os deixa secar para que você seja reposicionada.

Ele sempre vai estar com você, quer no alto do monte, com fogo e glória, quer nas cavernas de fuga nas quais você se esconde.

Elias fugiu de Jezabel, teve medo e desejou desistir, mas Deus o esperava nesse lugar.

Não existe lugar tão distante que Deus não possa encontrá-la ali.

Montes e cavernas fazem parte da vida daqueles que desistiram de si mesmos.

Hoje uma brisa suave toca você; seja reposicionada e restaurada. Deus ainda tem muito para realizar em você e por meio de você.

Capítulo 10

Lugares improváveis

“

A lagarta disse que ia voar.

Todos riram dela,

menos as borboletas.

Caminhe com quem

acredita em você!

”

Cavernas, rejeição e conexões

Deus é especialista em chamar pessoas em lugares improváveis; em recrutar pessoas improváveis de cidades, estados e países com a mesma improbabilidade. Belém, a menor cidade das cidades de Judá, foi escolhida para ser a terra do nosso Salvador.

> *"Mas tu, Belém, da terra de Judá, de forma alguma és a menor em meio às principais cidades de Judá; pois de ti virá o líder que, como pastor, conduzirá Israel, o meu povo" (Mateus 2.6, NVI).*

Pessoas improváveis, de lugares simples e terras distantes, ainda estão sob a ótica do céu, mas também são pessoas de lugares como Belém que sofrem perseguição e são olhadas de forma diferente.

No entanto, assim como a estrela apontava para Belém, existe uma sinalização de Deus para este tempo: não é de uma cidade provável que virá o avivamento dos próximos dias, mas de cidades improváveis que carregarão um sinal de Deus, um favor dos céus.

Cidades inteiras serão sacudidas pela presença de Deus através de mulheres que se posicionarem para essa hora no tempo, lugar e coração certo.

Posso adiantar uma coisa: apesar de os verdadeiros amigos serem escassos, essas mulheres não estão sozinhas! Deus irá conectá-las com outras mulheres improváveis. Sabe por quê? Porque improváveis acreditam em improváveis!

Improváveis acreditam em improváveis

É importante caminharmos com pessoas que venceram processos dolorosos de crescimento. Pessoas que não olharão para nós com julgamento, orgulho ou superioridade, pois reconhecem que foram moídas para estarem onde estão, sabem que já foram barro informe nas mãos do Oleiro e experimentaram o amor de um Pai que não desistiu delas e as construiu novamente.

O olhar de pessoas que conheceram o amor e a graça do Pai é marcado por misericórdia, uma vez que elas acreditam que as lagartas de hoje serão as borboletas de amanhã.

Improváveis acreditam em improváveis. Conseguem ver nas pessoas que hoje ainda engatinham com medos, limitações e erros o que elas podem ser tão prontamente se submetam aos processos de Deus para que sejam quem ele as chamou para ser. Improváveis viabilizam esse processo a outras improváveis, mostrando suas próprias cicatrizes, assim como Jesus fez.

Jesus, o Improvável dos improváveis, acreditou e se entregou por nós:

> “*Quem creu em nossa mensagem? E a quem foi revelado o braço do* SENHOR*? Ele cresceu*

diante dele como um broto tenro e como uma raiz saída de uma terra seca. Ele não tinha qualquer beleza ou majestade que nos atraísse, nada havia em sua aparência para que o desejássemos. Foi desprezado e rejeitado pelos homens, um homem de dores e experimentado no sofrimento. Como alguém de quem os homens escondem o rosto, foi desprezado, e nós não o tínhamos em estima. Certamente ele tomou sobre si as nossas enfermidades e sobre si levou as nossas doenças; contudo nós o consideramos castigado por Deus, por Deus atingido e afligido. Mas ele foi traspassado por causa das nossas transgressões, foi esmagado por causa de nossas iniquidades; o castigo que nos trouxe paz estava sobre ele, e pelas suas feridas fomos curados (Isaías 53.1-5). ”

Feridas de rejeição

Jesus foi desprezado e rejeitado, e a rejeição é uma das feridas comumente encontradas nas pessoas improváveis. A rejeição faz parte do processo de construção de Cristo em nós:

“ *Então Jesus começou a lhes ensinar que era necessário que o Filho do Homem sofresse muitas coisas e fosse rejeitado pelos líderes do povo, pelos principais sacerdotes e pelos mestres da lei. Seria morto, mas três dias depois ressuscitaria. Enquanto falava abertamente sobre isso com os discípulos, Pedro o chamou de lado e o repreendeu por dizer tais coisas.* ”

> *Jesus se virou, olhou para seus discípulos e repreendeu Pedro. "Afaste-se de mim, Satanás!", disse ele. "Você considera as coisas apenas do ponto de vista humano, e não da perspectiva de Deus."*

> *Depois, chamou a multidão e os discípulos e disse: "Se alguém quer ser meu seguidor, negue a si mesmo, tome sua cruz e siga-me. Se tentar se apegar à sua vida, a perderá. Mas, se abrir mão de sua vida por minha causa e por causa das boas-novas, a salvará. [...] E o que daria o homem em troca de sua vida?" (Marcos 8.31-35,37).*

O ensino de Jesus nunca ocultou a verdade acerca dos processos divinos que devemos ENFRENTAR, assim como não escondeu que no mundo teríamos aflições; pelo contrário, assegurou-nos que a vitória do Filho nos encoraja a cada dia:

> *Em seguida, resolveu explicar algumas coisas: "É necessário que o Filho do Homem seja maltratado, levado a julgamento e declarado culpado pelos líderes do povo, sacerdotes e líderes religiosos; que seja morto e três dias depois ressuscite". Ele falava de modo simples e claro, para que todos entendessem. Pedro, porém, protestou, segurando-lhe o braço. Vendo que os discípulos hesitavam em aceitar os fatos, Jesus repreendeu Pedro: "Pedro, saia do meu caminho! Fora, Satanás! Você não tem ideia de como Deus trabalha" (Marcos 8.31-33, AM).*

Assim como Jesus advertiu os discípulos várias vezes, devemos nos lembrar de que seremos atingidos por rejeição, injustiças e muitas desventuras. Precisamos estar cientes de que:

- será necessário ser rejeitado pelos líderes religiosos do nosso tempo;
- será necessário ser rejeitado de modos diferentes e peculiares;
- será necessário perder relacionamentos;
- será necessário ser traído;
- será necessário sofrer injustiças;
- será necessário sofrer dores.

A rejeição foi minha amiga; apesar de eu sempre querer dispensá-la, foi justamente ela que me tornou mais parecida com Jesus. Resistimos à rejeição, mas é ela que transforma todo o orgulho do nosso coração em verdadeira humildade.

Não é difícil olharmos para dentro de nós e identificarmos feridas de rejeição em nosso interior. É possível que, ao sondar o nosso coração, constatemos que em algum momento ou em diversos deles, em doses maiores ou menores, sofremos rejeição.

O mais interessante é que o ambiente familiar normalmente é o lugar onde enfrentaremos a rejeição de uma forma ainda mais dolorida, pois procede das pessoas que mais amamos, que mais nos conhecem. Davi passou por isso. A rejeição alcançou o coração de Davi, mas não teve o poder de paralisar-lhe os pés. Na verdade, a rejeição que Davi enfrentou foi um instrumento de Deus para posicioná-lo e conduzi-lo a um novo tempo.

Da mesma maneira, as improváveis viverão e estabelecerão algo novo sempre que vencerem a rejeição pessoal.

“

A rejeição alcançou o coração de Davi, mas não teve o poder de paralisar-lhe os pés.

”

Se você se lembra da história, Davi estava cuidando de algumas poucas ovelhas quando seus irmãos foram chamados para participar de uma das maiores conferências de seu tempo: aquela conferência anual com aquele profeta famoso.

Não foi a rejeição dos irmãos de Davi que o conclamou rei, nem mesmo a inveja de Abner ou o desprezo do pai e dos irmãos. Davi estava onde Deus queria que ele estivesse e, por estar posicionado, foi chamado pelo profeta de Deus. Isso significa que a palavra profética sempre nos encontrará e terá poder sobre a nossa vida.

Podemos estar certas de que as palavras proferidas contra nós jamais terão poder superior ao das palavras proferidas pelo céu a nosso respeito. Ainda que a terra grite "rejeição", o céu grita e ministra aceitação sobre nós.

O óleo da cura procura a cabeça das improváveis para curá-las. Elas talvez estejam escondidas, mas serão encontradas. Não podemos permitir que as histórias de rejeição pelas quais passamos paralisem o que Deus quer estabelecer dentro de nós. Na hora certa, o profeta Samuel da nossa história aparecerá. Deus levantará homens e mulheres que não olharão para nós pela perspectiva terrena, mas, sim, com os olhos do céu.

Cavernas e conexões improváveis

Cavernas como a de Adulão costumam nivelar olhares e padrões. Os amigos improváveis de Davi na caverna de Adulão revelam essa realidade:

> *Davi fugiu da cidade de Gate e foi para a caverna de Adulão. Quando seus irmãos e a família de seu pai souberam disso, foram até lá para encontrá-lo. Também juntaram-se a*

ele todos os que estavam em dificuldades, os endividados e os descontentes; e ele se tornou o líder deles. Havia cerca de quatrocentos homens com ele (1 Samuel 22.1,2). ”

Quem enfrentou as próprias tempestades, venceu dores e deu um novo significado à sua história não tem tempo ou coração para julgar ninguém, pois compreende que todos precisamos ser olhados com bondade e misericórdia quando caímos ou falhamos. Na verdade, tudo o que precisamos é menos julgamento e mais acolhimento.

Há alguns anos cheguei a ter síndrome do pânico, porque estava passando por um período de muitas perdas; algumas das quais incluíam relacionamentos com pessoas que eu amava muito e julgava não conseguir seguir em frente sem elas. No entanto, foi justamente nesse vale de dor que descobri que algumas perdas são ganhos; transformam-se em chaves que destravam o nosso destino. Naquele período eu não compreendia, mas Deus estava construindo dentro de mim uma rede de relacionamentos capaz de apoiar o que viria à minha frente.

Aquelas pessoas simplesmente não faziam parte desse novo propósito de Deus para a minha história, e eu tampouco fazia parte do propósito de Deus para elas. Deixar ou ser deixada foi a melhor coisa para ambos os lados. Foi como Abraão e Ló: tiveram que romper para poderem recomeçar.

Quando entendi a dinâmica do céu a esse respeito, o meu coração entrou em de paz e fui tomada de gratidão. Passei a estar atenta à rede que pouco a pouco Deus ia construindo através da dor e comecei a entender que alguns finais podem ser novos começos.

Como você e eu lidamos com as perdas?

“

Tudo o que precisamos

é menos julgamento e

mais acolhimento.

”

A nossa visão a respeito definirá o nosso grau de maturidade. Não podemos olhar para trás, ainda que nos peçam isso. Devemos seguir para o novo lugar que Deus estabeleceu dentro de nós.

Podemos estar seguras de que as pessoas serão trazidas por Deus para perto de nós. Quando as portas estiverem fechadas, não as empurre. Mais tarde, você agradecerá por elas. Deus trará para o nosso ambiente novas conexões interpessoais que podem destravar e impulsionar a nossa vida, e é ao lado delas que devemos estar, sendo construídas por meio de relacionamentos saudáveis, não utilitários.

Quantas de nós, em algum momento da vida, precisamos de alguém maduro o suficiente para ser apoio, aceitação e correção sábia? Quantas de nós descobrimos que essas pessoas são uma raridade? Sim, Paulo já havia nos alertado:

> “*Pois, ainda que tivessem dez mil mestres em Cristo, vocês não têm muitos pais, pois eu me tornei seu pai espiritual em Cristo Jesus por meio das boas-novas que lhes anunciei (1 Coríntios 4.15).*”

Olhando dentro de nós mesmas, vemos áreas imaturas que precisam crescer de forma saudável. Muitas vezes queremos ver nos outros aquilo que nem nós mesmas temos. Queremos receber o que não damos. O único caminho é amadurecer e contar com pessoas maduras que nos ajudem.

Há uma geração carente de homens e mulheres de Deus, ajustados à Palavra, equilibrados e sem intenções escondidas, verdadeiros pais e mães espirituais de uma geração ferida na paternidade, que precisa de uma mentoria responsável e eficaz. Apesar de termos muitos mestres, que ensinam isso ou aquilo, poucos têm sido os pais que nos geram para os propósitos de Deus.

Peça a Deus para que você se torne a mãe de gerações e que Deus a encaminhe a pais e mães espirituais, como Paulo foi com Timóteo. Eles são poucos, mas existem!

Toda flecha precisa de um arco.

Onde quer que haja um arco existe uma flecha voando em direção a seu propósito.

Os arcos são raros.

Vejo tantas pessoas travadas, tantas pessoas sem rumo precisando ser lançadas a seu destino.

Vejo também arcos resistentes às dobras de Deus.

Sim, um arco precisa ser dobrado e estar maleável às novas configurações de Deus.

A flecha dá propósito ao arco. O arco potencializa o propósito da flecha.

Por isso, precisamos de arcos; precisamos de pessoas que se deixaram ser dobradas, que se submeteram aos processos de Deus para a formação de um coração impulsionador.

Deus está levantando arcos em nossa nação.

Todo arco um dia se sentiu perdido no meio do processo.

Ficou um tempo sem entender o período de ser dobrado para lançar flechas. O retrocesso muitas vezes é um convite a esse lugar de reconstrução.

As flechas são polidas, mas os arcos são dobrados.

O que define um arco e sua eficácia é quanto ele deixa Deus tratá-lo. Quanto mais arcado, mais eficaz.

Os arcos são raros; por isso, tão preciosos!

Capítulo 11

Arco ou flecha

“As flechas

são polidas,

mas os arcos

são dobrados.”

Quando consideramos a vida e a trajetória de Paulo, concluímos que o apóstolo foi um grande arco. Antes disso, porém, Paulo foi uma flecha, uma flecha lançada por Ananias e Barnabé. Isso nos faz pensar em círculos de relacionamentos por meio dos quais nós mesmas fomos lançadas para cumprir o propósito ou a vontade de Deus para nós.

Muitas pessoas costumam supor e dizer que não precisam de ninguém, que não precisam de arco algum, pois Jesus lhes basta. No entanto, a realidade é que todas precisamos de um arco, pois Jesus, o nosso Arqueiro, usará arcos específicos para vivermos os sonhos do Pai. Toda improvável é uma flecha que precisa ser encontrada e lançada pelo arqueiro certo.

É maravilhoso saber que Deus escolheu nos usar como instrumentos para tocar corações. Ele não nos excluiu, mas nos deu o privilégio de sermos cooperadoras de sua obra na vida das pessoas. Como flecha, Paulo precisou ser lançado até que chegou o tempo de ser arco na vida de alguém e lançar Timóteo, seu filho na fé, rumo ao destino de Deus para ele.

A vida cristã é uma caminhada, na maioria das vezes, de longo alcance. Isso quer dizer que a vida com Deus é pautada por etapas e níveis. À medida que crescemos no Senhor, avançamos também no cumprimento dos propósitos de Deus e frutificarmos onde ele nos plantou. Não raramente terminamos o dia cansadas, ou por termos concluído toda a tarefa que nos incumbia e os compromissos para determinado dia, ou porque nos sentimos frustradas com uma relação de assuntos pendentes e pessoas frustradas conosco.

Certa vez, triste pelo cansaço da segunda opção, busquei em Deus um alinhamento, pois não queria enfrentar um esgotamento ou estresse ministerial, muito menos me perder com tantas atividades. Era tempo de deixar que Deus ajustasse o meu chamado.

No livro de Atos dos Apóstolos, há um momento quando os primeiros doze discípulos já não conseguiam cuidar de todas as coisas, por isso foram direcionados a escolher homens que pudessem servir às necessidades sociais da comunidade cristã a fim de que eles próprios tivessem tempo para se dedicar ao estudo e ensino da Palavra.

Foi considerando esse momento vivido pelos apóstolos que entendi que era necessário separar algumas mulheres que pudessem servir em áreas específicas, mulheres que precisavam voar — flechas como eu — e que apenas dependiam de um arco que as lançasse.

Há áreas de atuação nas quais não posso estar. Por mais que eu quisesse apoiar todas elas, o tempo de ser arco implica entender que a flecha é lançada, mas o arco não: ele permanece nas mãos do arqueiro.

O lugar de ser arco é um lugar novo para mim e talvez seja para você também. A questão é saber identificar os tempos e entender que função devemos desempenhar, a de ser arco ou a de ser flecha.

Para descobrirmos se somos arco ou flecha, precisamos conhecer um pouco sobre as características de cada uma, pois muitas mulheres são flechas que precisam ser lançadas, desde que primeiro tenham o discernimento de sua função.

> *Como flechas nas mãos do guerreiro são os filhos nascidos na juventude. Como é feliz o homem que tem a sua aljava cheia deles! Não será humilhado quando enfrentar seus inimigos no tribunal (Salmos 127.4,5, NVI).*

Este é um texto que traz considerações importantes para nós. A primeira delas é que o versículo fala sobre filhos nascidos na juventude, ou seja, trata-se de filhos pequenos. Aqui cabe uma pergunta: Você foi lançada pela família que deveria funcionar como arco? Muitas flechas falharam em seu propósito porque o arco falhou, por isso muitas de nós tivemos que lidar com o primeiro arco quebrado, ineficiente ou simplesmente ausente.

É provável que muitas das improváveis tenham vindo de uma família sem pai, ou seja, sem um guerreiro que lançasse o arco. Outras, do ponto de vista ministerial, acabaram se submetendo a um pastoreio imaturo, o que lhes causou diversas feridas; isso porque líderes feridos geram pessoas feridas, e pessoas feridas ferem.

Muitas flechas estão desperdiçadas no chão por não estarem em uma aljava apropriada ou nas mãos de um guerreiro que possa lançá-las, e é justamente por isso que Deus tem levantado líderes saudáveis que possam ser o arco que essas flechas precisam para alcançar o destino de Deus.

O arco precisa saber o tempo certo de ser a pessoa que lança a flecha para o seu destino, ou seja, de impulsionar alguém. Já as flechas precisam compreender que deverão estar alternadamente em três ambientes: na aljava, no ponto de mira ou rumo ao alvo determinado para ela.

O tempo na aljava

O tempo de estar na aljava tem, no entanto, uma particularidade:

> *Escutem-me, vocês, ilhas; ouçam, vocês, nações distantes: antes de eu nascer o* S*ENHOR me chamou; desde o meu nascimento ele fez menção de meu nome. Ele fez de minha boca uma espada afiada, na sombra de sua mão ele me escondeu; ele me tornou uma flecha polida e escondeu-me na sua aljava. Ele me disse: "Você é meu servo, Israel, em quem mostrarei o meu esplendor". Mas eu disse: Tenho me afadigado sem qualquer propósito; tenho gastado minha força em vão e para nada. Contudo, o que me é devido está na mão do* S*ENHOR, e a minha recompensa está com o meu Deus. E agora o* S*ENHOR diz, aquele que me formou no ventre para ser o seu servo, para trazer de volta Jacó e reunir Israel a ele mesmo, pois sou honrado aos olhos do* S*ENHOR, e o meu Deus tem sido a minha força; ele diz: "Para você é coisa pequena demais ser meu servo para restaurar as tribos de Jacó e trazer de volta aqueles de Israel que eu guardei. Também farei de você uma luz para os gentios, para que você leve a minha salvação até os confins da terra". Assim diz o* S*ENHOR, o Redentor, o Santo de Israel, àquele que foi desprezado e detestado pela nação, ao servo de governantes: "Reis o verão e se levantarão, líderes o verão e se encurvarão, por causa do* S*ENHOR, que é fiel, o Santo de Israel, que o escolheu" (Isaías 49.1-7, NVI).*

O tempo de estar escondida na aljava é necessário e fará parte da trajetória de toda flecha escolhida pelo Senhor. Esse texto foi liberado sobre Santa Catarina em um evento para ministros do qual participamos. Estávamos em seis pessoas e tivemos a alegria de receber profeticamente essa palavra sobre o nosso estado.

Creio que Deus tem cumprido essa profecia e ainda levantará e lançará muitas flechas escondidas aqui. Uma das características das flechas é justamente o tempo de estar na aljava: *o tempo de ser escondida pelo Senhor.*

Como flechas do Senhor, precisamos saber que ele nos afiará, nos preparará e nos esconderá. Muitas vezes, esse processo nos parecerá injusto, mas estar na aljava significa estar em um lugar seguro no qual Deus pode ministrar ao coração das flechas. Lembre-se de que a aljava era um tipo de estojo em que se guardavam e transportavam as flechas, e que era carregado nas costas do guerreiro; aonde quer que ele fosse, a aljava seguia com ele.

Da mesma forma, caminhamos com o Senhor, o nosso Arqueiro, conhecendo seu coração, para que, chegado o tempo de sermos lançadas, estejamos prontas para alcançar o alvo do Senhor para nós.

No entanto, o tempo de estar escondida também termina, e chega o tempo do lançamento. Ao chegar o momento, é comum depararmos com as nossas próprias limitações e com o sentimento de inutilidade.

Até bem pouco tempo, eu sofria muito no dia dos encontros de mulheres. Lutei contra a sensação de que aquilo que eu estava fazendo era inútil. Quando as reuniões de mulheres terminavam, apesar do retorno positivo delas, a minha vontade era nunca mais ocupar a plataforma. Deus, porém, foi me forjando para estar nesse lugar, lapidando-me para responder ao chamado e ao tempo dele para mim.

No meu tempo com Deus, ele ministrava ao meu coração sobre o efeito do meu trabalho no coração de muitas mulheres, mas na minha visão parecia inútil. A sensação de inutilidade era tão intensa que resisti muito a disponibilizar as mensagens no YouTube; Deus pode nos surpreender quando entregamos a ele o pouco que temos.

Para muitas flechas que se sentem perdidas, caídas no chão e sem propósito, Deus devolverá o propósito por meio de arcos específicos que ele usará para lançá-las ao destino certo.

Para isso, tenha sempre em mente que, quando escondemos algo, é porque o consideramos precioso. É comum guardarmos as coisas de maior valor em casa. O mesmo princípio é verdadeiro na natureza: tudo que é precioso está escondido na terra, precisa ser cavado e buscado para ser encontrado; assim também são os tesouros de Deus depositados em nós. Deus nos esconde para um propósito maior.

Estar escondida dói porque o mundo clama por exposição, requer que estejamos cada vez mais expostas, embora a direção de Deus seja a de nos guardar; pois, quando estamos escondidas, o nosso valor aumenta, e nós nos tornamos mais resilientes, mais fortes, mais afiadas e mais preparadas.

O tempo de se tornar arco

O arco também tem características e processos peculiares. Ele também é escondido para ser dobrado, sofrendo uma transição, assim como o nosso desenvolvimento e crescimento passam por transições.

Há alguns dias, ouvi alguém explicar o processo de criação do arco: para ser feito, precisa ser amarrado nas pontas a fim de ser dobrado e conseguir a envergadura própria de um arco.

Não raramente é assim que nos sentimos, pois Deus parece fechar a nossa boca, amarrar os nossos pés e nos colocar dentro de casa, o que nos dá a sensação de vazio e inutilidade.

Hoje valorizo muito o privilégio de estar em casa, mas nos momentos em que eu não conseguia ver utilidade em mim, sem saber quem eu era, parecia que todas as pessoas estavam correndo, alcançando as nações, enquanto eu estava perdida e escondida em casa.

Uma das características imprescindíveis do arco, e na vida daqueles que Deus usará para lançar pessoas, é a flexibilidade. Sem flexibilidade, o arco quebrará ao ser dobrado; por essa razão Deus nos permite ser quebradas, dobradas e rebaixadas, não para nos humilhar diante dos demais, mas para que aprendamos a ser flexíveis até adquirirmos o formato que ele deseja.

A transição é difícil quando estamos habituadas a ir longe como flechas, mas o tempo de ser arco exige que sejamos amarradas e dobradas para poder cumprir a nova função recebida.

Ser arco dói, e é por isso que Deus tem levantado homens e mulheres calejados, que já foram dobrados e estendidos de muitas formas e que possuem a envergadura ideal, para que lancem flechas a seu destino.

Precisamos de homens e mulheres que sejam arcos na nossa vida, pessoas que nos olhem fixamente e dirijam o nosso foco para o que realmente tem valor.

Uma peculiaridade impressionante do arco é estar sempre nas mãos do arqueiro, estar até mesmo à frente do arqueiro, diferentemente das flechas, que ficam atrás e na maioria das vezes não têm noção alguma do que acontece.

O arco vê o que a flecha desconhece, está sempre apontando para o destino da flecha, porque sua visão é antecipada. Igualmente, muitas mulheres estão sendo levantadas para ministrar ao coração de outras mulheres o que elas, como arcos nas mãos do arqueiro, já viram sobre as flechas que Deus deseja lançar.

Existe um texto que tipifica com muita propriedade os processos de transformação de flechas em arcos:

> *Ninguém o despreze pelo fato de você ser jovem, mas seja um exemplo para os fiéis na palavra, no procedimento, no amor, na fé e na pureza. Até a minha chegada, dedique-se à leitura pública da Escritura, à exortação e ao ensino. Não negligencie o dom que foi dado a você por mensagem profética com imposição de mãos dos presbíteros. Seja diligente nessas coisas; dedique-se inteiramente a elas, para que todos vejam o seu progresso. Atente bem para a sua própria vida e para a doutrina, perseverando nesses deveres, pois, agindo assim, você salvará tanto você mesmo quanto aos que o ouvem (1 Timóteo 4.12-16).*

Tenho uma experiência particular com esse texto. Logo quando estávamos iniciando a comunidade Abba Pai, com poucos dias de ministério, eu planejava abrir uma clínica de estética. Ferida com o sistema religioso de regras, eu não queria pastorear pessoas sob o fardo da religião.

Até então, ninguém sabia do meu desejo. Eu já tinha olhado uma sala, comprado algumas coisas, e, em determinada tarde, recebi uma mensagem com o texto de 1 Timóteo 4. Quando perguntei à minha mãe por que ela havia enviado aquele texto, ela disse que não tinha mandado texto algum, e que a Bíblia havia enviado sozinha. Entendi que Deus estava falando ao meu coração, deixando claro que ele não havia me chamado para abrir uma clínica de estética, e eu não deveria descuidar do dom e das palavras proféticas que já haviam sido liberados sobre a minha vida.

“

Sendo arco ou flecha,

Deus deseja

contar conosco.

”

Deus foi muito específico ao dizer que o meu chamado não era o de abrir uma clínica de estética, mas que eu deveria me dedicar àquilo para o qual ele me havia chamado. A minha mãe foi um arco na minha vida nessa ocasião. Deus a usou para me colocar na rota do destino que ele já tinha reservado para mim. No colo do arco chamado mamãe, ele me redirecionou, e vivo hoje os sonhos dele para mim.

Deus está levantando arcos e flechas neste tempo; portanto, devemos discernir os tempos, pois sempre transitamos entre ser arco e ser flecha na vida das pessoas. Em alguns momentos, somos arcos e em outros somos flechas, mas, em todo o tempo, Deus deseja contar conosco e nos unir ao que ele está fazendo.

Arcos são mães e pais espirituais, e como precisamos deles!

> “*Escrevo como um pai, meus filhos. Amo vocês e quero que sejam adultos, não crianças mimadas. Há muita gente que não vê a hora de apontar o dedo para o que vocês têm feito de errado, mas não há muitos pais dispostos a investir tempo e esforço para ajudá-los a crescer. Foi quando Jesus me levou a proclamar a vocês a Mensagem de Deus que me tornei o pai de vocês (1 Coríntios 4.15, AM).*”

Mudar dá medo.

Mas deveríamos ter medo de
ficar no mesmo lugar.

Para abraçar a vontade de Deus,
precisamos soltar a nossa.

Para estar onde Deus quer que estejamos, precisaremos
abrir mão de onde gostaríamos de estar.

Quantas vezes falamos para Deus que queremos
viver os sonhos e propósitos dele? Nesse caminho,
a renúncia será sua amiga inseparável.

Ela causa dor e desconforto, mas libera
autoridade para cumprir o nosso chamado.

A renúncia é uma pressão interna,
e as pressões nos amadurecem.

As pressões liberam o azeite, liberam
a unção e o favor do Senhor sobre nós.

A forma de lidarmos com as pressões define o nosso
destino e o fluir do Espírito na nossa vida.

"Tu és meu filho; eu hoje te gerei. Pede-me,
e te darei as nações como herança e os confins
da terra como tua propriedade". (Salmos 2.8)

Conclusão

Ele escolheu você!

“Improváveis e escolhidas!”

Você chegou até aqui! Lembra-se de que falamos no início deste livro que uma longa caminhada começa com o primeiro passo? O primeiro passo que você deu lá no início a trouxe até aqui!

Sei que você tentou convencer Deus a desistir de você. Sei também que milhares de vezes você também quis desistir. Mas a grande verdade é que Deus jamais desistiria de você. Ainda que hoje os ventos da sua vida pareçam contrários, Deus está no barco com você.

Ser uma mulher improvável para esta hora e para este tempo nos põe em uma rota de colisão com as promessas de Deus.

Talvez você precise lutar contra a timidez para obedecer ao seu chamado. Eu lutei bravamente contra ela em vários momentos da minha vida. Ministrar às mulheres era algo que ardia o meu coração, mas o medo me impedia de prosseguir. Deus foi tão paciente comigo, esticando-me cada vez mais e me impulsionando por meio de pessoas-chave nesse processo.

Hoje ainda sinto as pernas tremerem e o meu coração disparar, mas resolvi fazer uma escolha: ser quem ele me desenhou para ser. E ele desenhou uma mulher corajosa, entregando a ela o dom de comunicar a mensagem dele.

Ainda que crer nisso fosse difícil (e às vezes ainda é), aqui estou escrevendo a você, dentro das minhas limitações, para encorajá-la a prosseguir.

Não deixe a vergonha ou a timidez aprisionarem você. Seja profunda no seu relacionamento com Deus e enraizada na Palavra. O restante é com ele! Seja forte e corajosa! Milhares de mulheres agradecerão lá na frente!

Troque de mesa

A mesa que Daniel escolheu para se alimentar definiu o nível de revelação e de influência dele em um tempo de crise. As mesas a que você se assenta falam muito de você. As suas escolhas hoje definem onde você estará amanhã.

Talvez hoje pareça que você esteja perdendo enquanto costura silenciosamente renúncias à sua história, mas o "não" de hoje será o "sim" de amanhã.

A mesa definiu Daniel e guardou a identidade dele, assim como a mesa devolveu um lugar a Mefibosete. A mesa deu estratégias a Ester. A mesa dos discípulos de Emaús trouxe revelação. E a mesa de Davi fazia seu cálice transbordar mesmo diante de seus inimigos.

Escolha bem a sua mesa, porque nem todas as mesas são para você! A mesa de Marta tinha ressentimento. A mesa de Simão tinha intenções escondidas. A mesa da Babilônia tinha manjares que roubavam a identidade. A mesa de Vasti tinha desonra.

As mesas estão à disposição para serem escolhidas. Caberá a você escolher bem. O banquete sobre o qual você se debruçar definirá quem você é.

Não tema ser prensada

Você se transforma em uma encorajadora quando vence as piores dores. Não é nas melhores fases que o óleo de cura é extraído. Assim como a oliveira precisa ser prensada para liberar o azeite, é nas prensas que o melhor de nós é extraído.

Uma mulher que venceu a depressão pode encorajar uma mulher que está enfrentando o vale da dor. Por um lado, podemos dizer que as lutas de hoje podem ser a cura de alguém amanhã.

Do outro lado da moeda, sabemos que a zona de conforto é o pior inimigo para o nosso crescimento. Por esse motivo, Deus, muitas vezes, usa situações desconfortáveis para nos mover rumo ao propósito dele.

Não fomos criadas para permanecer nos mesmos lugares que um dia nos serviram de proteção, porque hoje podem se transformar em prisão. As redes de *nylon*, por exemplo, usadas nas janelas foram feitas para a proteção das crianças, mas as mesmas redes para os adultos limitam a visibilidade e se tornam uma prisão.

Do mesmo modo, a sua zona de conforto já foi o seu lugar de nutrição, de aprendizado e proteção. Mas, para seguir em frente, você precisa avançar, porque o seu propósito começa quando termina a sua zona de conforto, e talvez você precise deste lembrete tanto quanto eu.

Lembre-se de que o nosso sucesso não é medido pelos padrões do mundo. O verdadeiro sucesso é medido pelos padrões de Deus. Ele se preocupa mais com a nossa integridade do que com quantos seguidores temos nas redes sociais. Deus se preocupa mais com a nossa obediência do que com a nossa conta bancária. Ele se preocupa mais com o seu coração do que com o seu serviço. Ele não é consumido pelas coisas que este mundo nos diz que são importantes. Ele cuida de você não por causa do que você fez, mas por causa do que ele fez por você. Você é dele, e ele se preocupa com o seu crescimento na graça e no conhecimento dele.

Por que mulheres improváveis?

Deus está quebrando padrões. Enquanto o mundo luta para nos manter presas a um padrão cultural e a uma agenda humanista, Deus nos convida a abraçar o padrão do céu.

Deus tem saudade da tenda simples de Davi. Ele não deseja os grandes templos, mas ama as tendas da simplicidade. Ele ama a tenda que Jael ergueu e derrama poder e coragem para destruir os seus inimigos com uma única estaca. Ele está procurando mulheres que fujam do padrão terreno e que estejam alinhadas com o coração dele.

Ainda que tudo diga não, Deus diz sim. E nós fazemos parte desse exército de mulheres improváveis que Deus está levantando para este tempo. Mulheres improváveis aos olhos de muitos, mas prováveis aos olhos de Deus. Mulheres improváveis, lugares simples e terras longínquas são visíveis aos olhos do Senhor, pois ele é especialista em chamar e recrutar improváveis, como vimos até aqui.

Mas por que mulheres improváveis?

Porque elas são a resposta inesperada de Deus para momentos críticos, conflitos pessoais, guerras locais e até crises mundiais. Para Naamã, um líder orgulhoso, investido de autoridade e respeitado por todos — embora leproso por baixo da farda —, Deus levantou uma menina órfã e sem nome, uma serva, uma improvável, para dar a resposta da cura que ele precisava.

É por isso que Deus levanta mulheres improváveis; porque são mulheres que carregam respostas para o tempo e no contexto em que estão inseridas. São mulheres improváveis, posicionadas no lugar certo, que levarão os Naamãs de hoje aos rios dos quais muitos deles estão tentando fugir.

Se existe um entendimento necessário na nossa caminhada com Deus, é que ele não limita seus propósitos aos estereótipos humanos e culturais que costumam influenciar a sociedade; sem dúvida alguma, a história de Jael explica perfeitamente isso. Mesmo não existindo muita informação bíblica sobre ela, no livro de Juízes lemos que ela era esposa de um homem chamado Héber, também identificado como "o queneu".

Jael e Héber surgem em um momento de guerra entre Hazor e as tribos do norte de Israel. Em Juízes 4 encontramos o relato de parte desses acontecimentos:

> **"** ***Depois da morte de Eúde, mais uma vez os israelitas fizeram o que o SENHOR reprova. Assim o SENHOR os entregou nas mãos de Jabim, rei de Canaã, que reinava em Hazor. O comandante do seu exército era Sísera, que habitava em Harosete-Hagoim. Os israelitas clamaram ao SENHOR, porque Jabim, que tinha novecentos carros de ferro, os havia oprimido cruelmente durante vinte anos. Débora, uma profetisa, mulher de Lapidote, liderava Israel naquela época. Ela se sentava debaixo da tamareira de Débora, entre Ramá e Betel, nos montes de Efraim, e os israelitas a procuravam, para que ela decidisse as suas questões. Débora mandou chamar Baraque, filho de Abinoão, de Quedes, em Naftali, e lhe disse: "O SENHOR, o Deus de Israel, ordena a você que reúna dez mil homens de Naftali e Zebulom e vá ao monte Tabor. Ele fará que Sísera, o comandante do exército***

> *de Jabim, vá atacá-lo, com seus carros de guerra e tropas, junto ao rio Quisom, e os entregará em suas mãos" (vs. 4.1-7, NVI).*

Podemos observar que Jobim havia oprimido os israelitas de forma cruel por vinte anos, e diante de tamanha opressão e sofrimento, os israelitas clamaram ao Senhor. Mesmo que o povo estivesse naquela condição devido a seu próprio pecado, Deus ouviu a oração dos israelitas, e, através de Débora, a profetisa que liderava Israel naquele período, Deus estabelece uma estratégia, comissionando Baraque para liderar Israel contra o exército cananeu que estava sob o comando de Sísera.

Débora já era uma improvável, se pensarmos que se tratava de uma mulher levantada por Deus para ser juíza em uma época como aquela. No entanto, diante da insegurança de Baraque, Deus levantaria outra improvável, uma mulher através da qual a promessa dele se cumpriria:

> *Diante do avanço de Baraque, o SENHOR derrotou Sísera e todos os seus carros de guerra e o seu exército ao fio da espada, e Sísera desceu do seu carro e fugiu a pé. Baraque perseguiu os carros de guerra e o exército até Harosete-Hagoim. Todo o exército de Sísera caiu ao fio da espada; não sobrou um só homem. Sísera, porém, fugiu a pé para a tenda de Jael, mulher do queneu Héber, pois havia paz entre Jabim, rei de Hazor, e o clã do queneu Héber. Jael saiu ao encontro de Sísera e o convidou: "Venha, entre na minha tenda, meu senhor. Não tenha medo!" Ele entrou,*

e ela o cobriu com um pano. "Estou com sede", disse ele. "Por favor, dê-me um pouco de água." Ela abriu uma vasilha de leite feita de couro, deu-lhe de beber, e tornou a cobri-lo. E Sísera disse à mulher: "Fique à entrada da tenda. Se alguém passar e perguntar se há alguém aqui, responda que não". Entretanto, Jael, mulher de Héber, apanhou uma estaca da tenda e um martelo e aproximou-se silenciosamente enquanto ele, exausto, dormia um sono profundo. E cravou-lhe a estaca na têmpora até penetrar o chão, e ele morreu. Baraque passou à procura de Sísera, e Jael saiu ao seu encontro. "Venha", disse ela, "eu mostrarei a você o homem que você está procurando." E entrando ele na tenda, viu ali caído Sísera, morto, com a estaca atravessada nas têmporas. Naquele dia, Deus subjugou Jabim, o rei cananeu, perante os israelitas (vs. 4.15-23). ”

Jael foi o elemento surpresa de Deus. É por isso que Deus tem levantado mulheres improváveis, porque a resposta pela qual a terra clama não costuma estar no que é considerado óbvio e adequado de acordo com a perspectiva humana, mas, sim, de acordo com a perspectiva de Deus, que usa quem ele quer, da forma que deseja, para os propósitos que ele mesmo estabelece.

Deus já havia rompido com a cultura da época através da liderança de Débora; afinal, ela foi a única mulher juíza entre todos os juízes de Israel e foi levantada em um tempo em que as mulheres eram relegadas, ou seja, banidas a segundo plano na organização tribal de Israel. Mas, para cumprimento da promessa de que entregaria Sísera e suas tropas nas mãos de Baraque, Deus levanta outra mulher improvável, que foi justamente Jael.

Jael foi construída no secreto, forjada em uma atividade incomum para as mulheres de hoje. Acredita-se que sua destreza ao manusear a estaca e o martelo tenha sido uma habilidade desenvolvida enquanto cumpria uma tarefa que geralmente era das mulheres de sua época: montar e desmontar tendas! Uma mulher improvável, forjada por meio de uma tarefa comum e rotineira em sua época, foi a resposta para aplacar a guerra e findar a opressão que estava sobre o povo israelita.

Foi através de Jael, da forma mais improvável e por meio de uma mulher improvável, que o Senhor cumpriu sua palavra e entregou o general do exército inimigo nas mãos de Israel.

Por que mulheres improváveis?

Porque elas não estão procurando fama, nem posição, nem lugar de destaque, embora saibam como ninguém responder à necessidade do tempo e do contexto em que vivem, porque se permitem viver uma história escrita por Deus:

> “*Que Jael seja a mais bendita das mulheres, Jael, mulher de Héber, o queneu! Seja ela bendita entre as mulheres que habitam em tendas! Ele pediu água, e ela lhe deu leite; numa tigela digna de príncipes trouxe-lhe coalhada. Ela estendeu a mão e apanhou a estaca da tenda; e com a mão direita o martelo do trabalhador. Golpeou Sísera, esmigalhou sua cabeça, esmagou e traspassou suas têmporas. Aos seus pés ele se curvou, caiu e ali ficou prostrado. Aos seus*

pés ele se curvou e caiu; onde caiu, ali ficou. Morto! (5.24-27). ”

Por que mulheres improváveis?

Porque são mulheres que habitam nas tendas da simplicidade, mulheres de verdade, que aprenderam a esperar, que aprenderam a construir no secreto e a permanecer determinado tempo escondidas. São mulheres que se deixaram aperfeiçoar no silêncio, aprender nas cavernas, por meio de feridas e de novas conexões, a jamais andarem com o tanque vazio. Aprenderam a tirar força da fraqueza, se deixaram matricular na escola do quebrantamento e passaram por um processo doloroso de podas necessárias.

Por que mulheres improváveis?

Porque são elas que Deus está levantando neste tempo!

Leia também:

UM DEVOCIONAL
QUE APROFUNDARÁ
SUAS RAÍZES E
FORTALECERÁ SUA FÉ
mulheres
enraizadas
Vida
VIVIANE
MARTINELLO

Esta obra foi composta em *Adobe Caslon Pro*
e impressa por Gráfica Nutech sobre papel
Offwhite 80 g/m² para Editora Vida.